ReSurfacing

– Wiederauftauchen –

Techniken zur Erforschung des Bewußtseins

von Harry Palmer

Avatar®

Liebe Robert!
Ich freu mich auf einen
tollen Kurs mit Dir!
Alles Liebe
Raf

Originalausgabe: ReSurfacing
© Copyright: Harry Palmer 1994
Veröffentlichung von:
Star's Edge International
237 North Westmonte Drive
Altamonte Springs, Florida 32714
ISBN: 0-9626874-4-8

Deutsche Ausgabe: 2. Auflage August 1996, 6. - 10. Tsd.

© Copyright: Context Verlag
Uta Bodewig & Joachim Kamphausen GbR
Postfach 100850
D – 33508 Bielefeld
Fon 0521 - 67179, Fax 0521 - 68771

Die Deutsche Bibliothek – CIP-Einheitsaufnahme
Palmer, Harry:
Resurfacing – wiederauftauchen : Techniken zur Erforschung des Bewußtseins / von Harry Palmer. [Übers.: Christine Bendner]. – 2. Aufl., 6. - 10. Tsd. – Bielefeld : Context-Verl., 1996
Einheitssacht.: ReSurfacing <dt.>
ISBN 3-926257-22-9

Übersetzung: Christine Bendner

Bearbeitung: Isa Lüerssen, Maarten Willemsen
Lektorat: Hans-Jürgen Zander
Layout: Wilfried Klei
Herstellung: Zünkler

ISBN 3-926257-22-9

R*eSurfacing* ist allen Avataren und Meistern sowie allen anderen Kriegern des Lichtes gewidmet, die sowohl auf der inneren als auch der äußeren Ebene zur Schaffung einer erleuchteten Zivilisation auf diesem Planeten beitragen.

Das Wunder ist nicht, daß es Leben im Universum gibt;
das Wunder ist, daß es ein Universum im Leben gibt.
Das Wunder ist nicht, daß das Bewußtsein sich aus dem
Universum entwickelte;
das Wunder ist, daß das Universum sich aus dem
Bewußtsein entwickelte.
Das Wunder ist nicht, daß das Hier / Jetzt ein Du enthält;
das Wunder ist, daß Du ein Hier / Jetzt enthältst.
Oh, meine Gefährten aus alter Zeit, wacht auf;
lange habt Ihr geschlafen;
es gibt so viel, das ich Euch zu zeigen habe.

Translarische Botschaft*

* Aus den „Translarischen Aufzeichnungen", einem unvollendeten Manuskript des Autors, das über die Ausbreitung fühlenden Lebens überall in der Milchstraße berichtet.

INHALT

Verzeichnis der in diesem Buch enthaltenen Übungen

Einleitung

Vier Möglichkeiten, das *ReSurfacing*-Arbeitsbuch zu nutzen :

1.

Als persönliches Handbuch

Schon seit Jahren wurde ich immer wieder darum gebeten, ein preisgünstiges Avatar-Handbuch mit Materialien zur persönlichen Weiterentwicklung herauszubringen, das es Interessierten ermöglichen würde, zu Hause in ihrer gewohnten Umgebung an sich zu arbeiten. Hier ist es! Beginnen Sie mit dem Orientierungskapitel auf Seite 13 und arbeiten Sie sich durch bis zur Übung *Kurzbericht* auf Seite 130. Gehen Sie geduldig und liebevoll mit sich um und lassen Sie mich wissen, wie es Ihnen ergangen ist.

2.

Als Textmaterial für Teil I des Avatar-Kurses

Im Jahre 1988 stellten wir fest, daß die an Avatar-Kursen interessierten Menschen nach einem gewissen Maß an Vorinformationen verlangten, bevor sie sich verbindlich zur Teilnahme an einem Kurs anmelden wollten. Wir erstellten eine Checkliste mit Aufgaben und Übungen, die den Interessenten einen Einblick in die Arbeitsweisen und Ziele von Avatar ermöglichte. Aus dieser Checkliste ging Teil I des Avatarkurses hervor. Avatar-Master benutzen sie heute als Grundlage für die Teile II und III.
Halten Sie sich, wenn Sie die Checkliste für Teil I mit einem Master durcharbeiten, bitte genau an die Reihenfolge der Anleitungen und Übungen.

3.

Als Referenzmaterial für die ReSurfacing® Workshops

Manche Menschen bevorzugen es, sich mit Avatar im Rahmen eines intensiven, zwei oder drei Tage dauernden Workshops vertraut zu machen. Diese Workshops werden von Avatar-Mastern als kleine, informelle Kurse angeboten, in denen die Gruppenteilnehmer viel Raum zur Interaktion und zum gegenseitigen Erfahrungsaustausch haben. In einem solchen *ReSurfacing*-Workshop bestimmt der Master, in welcher Reihenfolge die Übungen ausgeführt und die einzelnen Texte gelesen werden.

4.

Als Referenzmaterial und Übungshandbuch für Selbsterfahrungsgruppen und Therapieworkshops

Sie können das *ReSurfacing*-Arbeitsbuch in seiner ursprünglichen Form (d. h. keine Auszüge oder Fotokopien) in den verschiedensten Selbstentfaltungsgruppen und Workshops benutzen.

ORIENTIERUNG

TEIL 1

Das **ReSurfacing**- Arbeitsbuch ist ein
Fahrtenbuch mit Anweisungen für Forscher,
welche die Seinsebene jenseits des vertrauten
Alltagsbewußtseins bereisen.

Es enthält die Übungen und
das Lehrmaterial für den Teil I
des Avatar®- Kurses

ORIENTIERUNG

ReSurfacing heißt Wiederauftauchen, wieder an die Oberfläche kommen, und bedeutet hier, wieder ans Licht der reinen Wahrnehmung zu gelangen.

Beim *ReSurfacing* geht es darum, sich aus dem Netz alter, selbstgeschaffener Muster zu befreien und wieder in das Gewahrsein aufzusteigen. Es ist ein natürlicher Vorgang, bei dem du dich dir selbst enthüllst. Die Belohnungen dieser Arbeit sind neue Einsichten und Erkenntnisse darüber, wie deinLeben funktioniert - oder weshalb es nicht funktioniert.

ReSurfacing ist eine Forschungsreise ins Bewußtsein, die du nach deinen individuellen Bedürfnissen gestalten kannst. Du allein bestimmst, wie weit du gehst. Niemand wird versuchen, dich zu indoktrinieren oder dir irgendwelche Überzeugungen oder Wahrheiten aufzudrängen. Was du glaubst, ist was *du* glaubst und die Wahrheit, die du entdeckst, ist *deine* Wahrheit.

Während du auf diesem Weg voranschreitest, wirst du dir deiner eigenen schöpferischen Kraft bewußt. Es wird dich überraschen und in Erstaunen versetzen. Solltest du dich dazu entschließen, dieser Kraft bis zu ihrem Ursprung zu folgen, so wirst du auf einen grenzenlosen Ozean des Gewahrseins stoßen, der sich jenseits von Zeit, Bewußtsein und Schöpfung erstreckt. Gefährten aus uralten Zeiten warten dort (hier) auf dich.

Selbst wenn du dich mit den in diesem Buch beschriebenen Übungen täglich nur ein paar Minuten befaßt, kann dies eine tiefgreifende Wirkung auf dein Leben haben.

Die Wirksamkeit der Avatar-Materialien beruht auf den gleichen grundlegenden Prinzipien, welche die gesamte Schöpfung steuern. Das erste Prinzip, an das sich einige von euch vielleicht erst gewöhnen müssen, lautet, daß das physische Universum und unser persönliches Bewußtsein aus ein und derselben definitionslosen, non-dimensionalen bewußten Präsenz hervorgehen, die in den Avatar-Unterlagen als Gewahrsein, Lebensursprung oder reines Sein bezeichnet wird. Jeglicher Versuch, diese Präsenz zu ermessen, zu definieren oder zu beschreiben, ist letztlich vergebens und doch...

All die Kämpfe und Konflikte zwischen dem Selbst und der Welt resultieren aus der Unkenntnis in bezug auf dieses erste Prinzip. Die Trennung zwischen deinem persönlichen Bewußtsein und dem Universum erscheint zunächst wie ein unüberwindlicher Abgrund, wie eine gefährlich brillante Falle. Dann erscheinen die Avatar-Techniken, und du machst eine erste undeutliche Erfahrung mit jener alles einenden Präsenz, jenem nicht definierbaren, dimensionslosen Gewahrsein, welches das Geistige und das Körperliche verbindet.

Die im folgenden beschriebenen Übungen werden ein *Selbst* in dir hervorbringen, das über sämtliche Vorstellungen, die du von dir und der Welt hattest, hinausgehen wird. Dieser Augenblick der Transzendenz, dieses Wiederauftauchen ans Licht gewährt dir einen Einblick in jene Seinsebene, die die Avatar-Materialien dir eröffnen. Willkommen daheim.

Die Struktur des menschlichen Bewusstseins

ReSurfacing ist ein neuer Zugang zu einigen sehr alten Rätseln: Wer bin ich, weshalb bin ich hier, wohin gehe ich? Mit *ReSurfacing* findest du die Antworten auf diese Fragen durch das Erforschen der deinem Bewußtsein zugrundeliegenden Strukturen – deiner Überzeugungen.

Wenn du irgendetwas gründlich studierst, wirst du stets feststellen, daß du Überzeugungen erforschst.

Überzeugungen sind Gedankenformen, mittels derer du die Realität erschaffst und interpretierst und die deine Interaktion mit dieser Realität bestimmen.

Überzeugungen trennen das Selbst vom Universum (z.B.: Das bin ich; das ist das.).

Überzeugungen interpretieren und erschaffen innerhalb bestimmter selbstgesetzter Grenzen jene Erfahrungen, die das, an was man glaubt, bestätigen (z.B.: Das Leben ist hart.).

Überzeugungen schaffen eine Ursache-und-Wirkung-/Wirkung-und-Ursache-Beziehung zwischen dem Selbst und dem physischen Universum (z.B.: Weil ich glaube...; ich glaube, weil...).

Das Bewußtmachen und Überwinden von Überzeugungen verleiht dir die Macht, dein Bewußtsein umzustrukturieren und neue Realitäten zu erschaffen.

Die Materialien der Avatar-Teile II und III entwickeln die dem transzendenten Selbst innewohnende Fähigkeit, unsere Realität bewußt zu erfahren und frei selbst zu gestalten.

ReSurfacing beruht auf Erfahrungen

Es gibt Wortlektionen und es gibt Weltlektionen. Eine Wortlektion ist der Versuch, eine Erfahrung mittels gesprochener oder geschriebener Symbole zu vermitteln. Eine solche Lektion kann informativ, unterhaltsam oder inspirierend sein. Eine Wortlektion ist Ausdruck der Überzeugungen einer Person. Eine Wortlektion kann eine schöne Sache sein, aber man darf sie nicht mit einer Weltlektion verwechseln.

Eine Weltlektion ist etwas, das man durchlebt. Etwas, das einem im Leben begegnet und mit dem man sich auseinandersetzt. Aus einer Weltlektion geht man verwandelt, erfahrener, weiser hervor. Eine Weltlektion ist eine Erfahrung. Sie muß nicht in Symbole oder Klänge übersetzt werden, damit du dich daran erinnern kannst. Sie wird Teil dessen, was du weißt, und wie du dich Dir selbst gegenüber bestimmst. Eine Wortlektion wirkt kaum jemals so stark auf uns.

Erleben:
Persönliche Beteiligung an oder Beobachtung von Ereignissen im Augenblick ihres Geschehens.

Zum Nachdenken:
Welchen Unterschied macht es, einen Apfel zu essen oder darüber zu lesen, wie ein Apfel schmeckt?

Eine Weltlektion wird zu einer Wortlektion, sobald sie ausgedrückt wird. *Was du weißt, wird, sobald es ausgedrückt wird, zu einer Überzeugung.* Eine Wortlektion kann Beschreibungen und Anleitungen übermitteln, aber verglichen mit dem wirklichen Erleben ist das nur ein schwacher Abglanz.

Dein Studium der *ReSurfacing-Techniken* beginnt als Wortlektion, die Übungen beschreibt und Anleitungen vermittelt, aber sobald du aktiv teilnimmst, wird eine Weltlektion daraus.
Die Wortlektionen von *ReSurfacing* sind unbedeutend im Vergleich zu den Weltlektionen, die du durch deine aktive Teilnahme erschaffst.

Die Weltlektionen

Benutzen Sie die *ReSurfacing-Techniken*, um Erfahrungswissen im bezug auf folgende Fragen zu erlangen:

Wer bin ich?

Was bestimmt meine Erfahrung (mein Erleben)?

Was bestimmt meine Überzeugungen?

Was ist ein Selbst?

Was ist real?

Was ist gemeinsame Realität?

Was ist wahr?

Zwei wichtige Punkte ...

Erstens: Die wichtigsten Entdeckungen, die du machen wirst, sind die in deinem Bewußtsein enthaltenen Überzeugungen und Glaubenssysteme. Manche sind vielleicht auf Anhieb zu erkennen, während andere transparent sind, das heißt, daß du durch sie hindurch wahrnimmst und handelst, ohne dir dessen bewußt zu sein. Diese transparenten Überzeugungen beeinflussen dein Verständnis von und deinen Umgang mit allen anderen Dingen. Wenn deine Wahrnehmung und dein Handeln beispielsweise durch die Überzeugung geprägt sind, daß du dich nicht weiterentwickeln und deine Lebenssituation nicht verbessern kannst, so wird diese Überzeugung jeglichen Versuch, dich zu entwickeln und deine Umstände zu verbessern, sabotieren. Sei, um sicherzugehen, so offen und verletzlich wie möglich; laß die Möglichkeit offen, daß deine absolute Wahrheit tatsächlich eine „transparente" Überzeugung sein könnte.

Zweitens: Das geschriebene Material soll dir als Wegweiser dienen. Benutze es im Einklang mit deiner eigenen Integrität. Die Texte sollen dir Richtungen und Möglichkeiten aufzeigen – es sind keine Dogmen oder Gesetze. Es ist sehr viel wichtiger, die Konzepte und Gedanken zu verstehen als sich die Worte einzuprägen. Nichts sollte in irgendeinem Sinne als Überzeugung interpretiert werden, der man sich auf alle Zeit verschreiben müßte.

Die Schwierigkeit mit der Einfachheit

Diejenigen, die sich auf dieses Abenteuer eingelassen und es vollendet haben, meinten, daß die größte Schwierigkeit für sie darin bestand, die verblüffende Einfachheit der Einsichten zu akzeptieren. Das liegt vielleicht daran, daß viele von uns die Vorstellung (transparente Überzeugung) haben, daß alles, was wirklich machtvoll, wirksam und befreiend ist, auch sehr komplex oder kompliziert sein müsse.

Wie sich zeigt, ist etwas nur in dem Maße kompliziert, in dem es mit dem, was wir bereits glauben, nicht übereinstimmt. Es ist bei diesem Aufsteigen an die Oberfläche also ratsam, wie ein Taucher, der lange unter Wasser gewesen ist, ab und zu eine Pause einzulegen, sozusagen einen Druckausgleich vorzunehmen, sich Zeit zu nehmen, die Dinge von allen Seiten zu betrachten, zu integrieren und Gefühle und Beobachtungen auszudrücken. Diese Pausen sowie deine Aufzeichnungen stellen einen ganz wichtigen Beitrag zum Wachstum dar und unterstützen den Lernprozeß nachhaltig. Solange deine Einsichten einfacher werden und unmittelbar erlebt werden, bist du auf dem richtigen Weg.

Sobald du aber feststellst, daß die Aufgabe intellektuell und abstrakt wird, solltest du ein langsameres Tempo anschlagen und dir Zeit zur Entspannung nehmen. Wenn du über einen dir seltsam erscheinenden Begriff stolperst, nichts mehr verstehst oder eine bestimmte Aussage keinen Sinn macht, solltest du diesen Begriff oder diese Aussage auseinandernehmen, ein Lexikon zu Rate ziehen oder einen Avatar-Master fragen. Manche in den Avatar-Materialien verwendeten Begriffe haben ganz spezifische, im Avatar-Programm gültige Bedeutungen. Du findest solche Begriffe fettgedruckt in den Randtexten.

entspannen (= Spannung lösen = erweitern)

Nimm dir soviel Zeit, wie du brauchst, um die Begriffe und Ideen, die dir in den Avatar-Materialien begegnen, zu verstehen. Die Veranschaulichung der Konzepte mit Hilfe vertrauter Objekte – wie Füllhaltern, Bleistiften, Münzen, Schlüsseln usw. – kann den Prozeß des Verstehens beschleunigen.

Schließlich solltest du über das bloße Verstehen von Worten hinausgehen. Suche Klarheit durch unmittelbarere Erfahrung zu erlangen. Hole die Dinge in dein Leben, probiere sie aus. Wenn du bisher über den Geschmack von Äpfeln nur gelesen hast, dann iß einen Apfel.

DIE OBERFLÄCHE DURCHBRECHEN

Die Übungen führen dich zu einer unmittelbaren Erfahrung jener Motive und Prinzipien, die deine gesamte Existenz steuern; diese sind deine persönlichen Forschungsobjekte. Sie sind so einzigartig wie deine Fingerabdrücke. Ihre Erforschung wird dich auf neue Ebenen führen und dir neue Perspektiven eröffnen, die dein Verständnis der Existenz außerordentlich erweitern werden.

Schüler:
Wie merke ich, daß ich etwas erfahre?

Avatar:
Sei mitten in dem, was du gerade fühlst, ohne irgendwelche Bilder oder Worte zu gebrauchen – und schon befindest du dich mitten in der Erfahrung!

Wenn du die Wortlektionen mit Weltlektionen verbindest, wirst du Augenblicke der Erkenntnis erleben: *Ah ... so funktioniert das also!* Solche Erkenntnisse helfen dir in zunehmendem Maße, dein Wissen in vielen Bereichen kreativ einzusetzen. Erkenntnisse ergänzen sich – wie ein Puzzle, das sich zusammenfügt. Je mehr Erkenntnisse in dir aufblitzen, desto einfacher und klarer werden die Dinge. Echte Weisheit entspringt stets einer Erkenntnis.

Falls du feststellst, daß du die Unterlagen nur auf der intellektuellen Ebene benutzt, *führe die Übungen durch.* Die praktische Anwendung dieser Übungen wird dich zu einem tieferen Verständnis führen, als du durch Denken allein erreichen könntest.

Lasse während der paar Stunden, die du dich in dieses Abenteuer begibst, alle äußeren Pflichten und Ablenkungen beiseite und widme dich der Erforschung und Entdeckung deines Selbst und dem Wiederaufstieg in jenes unbegrenzte Potential, das dich erwartet. Sei bereit, deine eigene Bewußtseinsschöpfung und das physische Universum mit all seinen Wundern zu erfahren.

PERSÖNLICHKEITSPROFIL

Die Gestaltung des *ReSurfacing*-Arbeitsbuch läßt dir Raum zum Aufschreiben deiner Antworten und Beobachtungen. Wenn du dich in diese Antworten vertiefst, bekommst du einen Überblick über jene Schöpfung, die du als dein Selbst betrachtest. Das dadurch gewonnene Bild deines Selbst ist normalerweise viel größer und umfassender als du erwartest. Später können dir deine Antworten belegen, wie sich die Übungen auf dein Leben ausgewirkt haben.

Profil
Der Umriß oder die Kontur von etwas

Falls du auf eine bestimmte Frage lieber nicht antworten möchtest, gehst du einfach zur nächsten Frage oder Übung weiter. Du mußt keine Normen erfüllen, es gibt keine richtigen oder falschen Antworten. Wenn es dir unangenehm ist, in das Buch hineinzuschreiben (selbst mit einem Bleistift), solltest du deine Antworten irgendwo anders aufzeichnen. Das Bewußtsein kann wie ein Labyrinth sein. Indem du während deiner Expedition eine Landkarte anlegst, kannst du vermeiden, immer wieder in die gleichen Sackgassen zu geraten.

Bei Fragen, die eine spontane Antwort erfordern, solltest du deinen allerersten Eindruck als Antwort niederschreiben. Schreibe diese Eindrücke genauso auf, wie sie in deinen Kopf kommen. Es ist in Ordnung, wenn sie nicht immer einen Sinn ergeben. Deine Antworten sind Teile eines größeren Puzzles, das nach und nach unbekannte Bereiche deines Bewußtseins enthüllen wird. Wenn sich die Puzzleteile zusammenfügen, wirst du beginnen zu verstehen, wie diese unvertrauten Bereiche dein Leben beeinflussen.

Avatar ÜBUNG I

Persönlichkeitsprofil

Um Klarheit in eine verworrene Situation zu bringen, muß man sich zuallererst den vorhandenen Plan oder die Blaupause einer Sache anschauen (oder sie rekonstruieren). Dadurch erhält man Bezugspunkte, anhand derer man die Dinge messen und organisieren kann.

Ziel: Erstellung einer Skizze oder Blaupause des gegenwärtigen Selbstbildes.

Erwartete Resultate: Einsichten, gesteigertes Wohlbefinden, Wiedererlangung der Fähigkeit zur Selbstbestimmung.

Anleitung

Soweit nicht anders angegeben, sollten die folgenden Fragen detailliert beantwortet werden. (In manchen Fällen kommt es darauf an, daß die Antwort spontan ist.) Versuche, unbefangen zu sein und nicht selbstkritisch demgegenüber, was du schreibst oder wie du es ausdrückst. Es gibt keine Norm, anhand derer deine Antworten bewertet werden, und keine Vorgaben, an die du dich halten mußt. Falls ein bestimmtes Thema mehr Gefühle wachruft (Trauer, Angst, Schuld, Wut usw.) als du momentan durchleben möchtest, dann mache eine kurze Anmerkung, daß du hier auf einen heiklen Bereich gestoßen bist, und gehe zur nächsten Frage über. In einer später folgenden Übung wirst du zu diesen heiklen Themen zurückkehren und dich damit auseinandersetzen. Falls du auf eine bestimmte Frage keine Antwort weißt, kannst du eine Vermutung niederschreiben oder einfach „ich weiß nicht" eintragen. Erfreue dich an den Fragen. Konzentriere dich auf sie und befasse dich mit ihnen, als hättest du nichts anderes zu tun.

ARBEITSBOGEN

Persönlichkeitsprofil / Seite 1

Heutiges Datum: ______________________________

Name: ______________________________

Adresse / Telefon: ______________________________

Geburtsdatum: ______________________________

A. Vollende spontan die folgenden Satzanfänge:

Das Leben ist ______________________________

Das Leben ist ______________________________

Das Leben ist ______________________________

Das Leben ist ______________________________

Das Leben ist ______________________________

Das Leben ist ______________________________

B. *Schulische* Ausbildung (Ausbildungsrichtung, Dauer der Ausbildung, Ergebnis)

	Fachgebiet	*Dauer*	*Was geschah ?*
1.			
2.			
3.			
4.			

C. Beantworte spontan für jeden Teil der Ausbildung:

Wer motivierte dich, gerade dieses Fach zu wählen?

1. ______________________________

____

2. ______________________________

____

3. ______________________________

____

4. ______________________________

____

D. *Informelle* Ausbildung (Interessengebiete, Dauer, Ergebnis):

	Gebiet	*Dauer*	*Was geschah?*
1.			
2.			
3.			
4.			
5.			

E. Beantworte spontan für jedes Interessengebiet:

Mit welchem Ziel hattest du dich mit diesem Gebiet beschäftigt?

1. ______
2. ______
3. ______
4. ______
5. ______

F. Erworbene Fähigkeiten, auf die du stolz bist:

1. ______
2. ______
3. ______
4. ______
5. ______

G. Beantworte spontan für jede obengenannte erworbene Fähigkeit:

Wer wäre darüber erstaunt ?

1. ______
2. ______
3. ______
4. ______
5. ______

H. Vollbrachte Leistungen, auf die du stolz bist:

1. ______________________________

   ____

2. ______________________________

   ____

3. ______________________________

   ____

4. ______________________________

   ____

5. ______________________________

   ____

I. Beantworte spontan für jeden o.g. Punkt: Wer hat sich in dir getäuscht?

1. ______________________________
2. ______________________________
3. ______________________________
4. ______________________________
5. ______________________________

J. Womit verdienst du gegenwärtig deinen Lebensunterhalt?
Und wie bekamst du diese Stelle?

____

____

K. Stell dir vor: Womit würdest du gerne deinen Lebensunterhalt verdienen, wenn du die Gelegenheit dazu bekämst?

L. Bist oder warst du verheiratet? Wie steht es heute um jede deiner Beziehungen?

M. Wie würdest du dir eine ideale Beziehung vorstellen?

N. Nenne die Namen deiner Kinder und beschreibe kurz den gegenwärtigen Stand deiner Beziehung zu jedem von ihnen.

Name des Kindes	*Stand der Beziehung*

O. Beantworte spontan: Welche Ziele versuchst du durch jedes deiner Kinder zu verwirklichen?

P. Nenne die Namen deiner Eltern (oder Ersatzeltern), und beschreibe kurz den gegenwärtigen Stand deiner Beziehung zu ihnen.

Name des Elternteils	*Stand der Beziehung*

Q. Überlege: Was könnte wohl das Lebensziel deines Vaters gewesen sein?

R. Überlege: Was könnte wohl das Lebensziel deiner Mutter gewesen sein?

S. Stelle dir ein Lebensziel vor, das Ziele deines Vater mit denen deiner Mutter verbindet:

____

____

____

T. Nenne die wichtigsten Phasen und Stationen deines bisherigen Lebens von der Kindheit an (Geburtsort, Schule, Heimatort, nach irgendwo umgezogen usw.)

1. ______________________________________
2. ______________________________________
3. ______________________________________
4. ______________________________________
5. ______________________________________
6. ______________________________________
7. ______________________________________

U. Beantworte spontan für jeden obengenannten Punkt:

An wen dachtest du während des betreffenden Lebensabschnitts am meisten?

1. ______________________________________
2. ______________________________________
3. ______________________________________
4. ______________________________________
5. ______________________________________
6. ______________________________________
7. ______________________________________

V. Welchen Abschnitt deines Lebens hältst du für den besten? Weshalb?

____

____

W. Welchen Abschnitt deines Lebens magst du am wenigsten? Weshalb?

____

____

X. Welche Aspekte deines gegenwärtigen Ichs magst du am wenigsten?

1. ______________________________________
2. ______________________________________
3. ______________________________________
4. ______________________________________
5. ______________________________________

Y. Beantworte spontan für jeden obengenannten Aspekt: An wen erinnert dich das?

1. ______________________________________
2. ______________________________________
3. ______________________________________
4. ______________________________________
5. ______________________________________

Z. Welche Aspekte deines gegenwärtigen Ichs magst du am liebsten?

1. ______
2. ______
3. ______
4. ______
5. ______

AA. Beantworte spontan für jeden Aspekt: An wen erinnert dich das?

1. ______
2. ______
3. ______
4. ______
5. ______

BB. Nenne die Namen der Menschen, von denen du annimmst, daß sie dich am meisten unterstützt haben:

1. ______
2. ______
3. ______
4. ______
5. ______

CC. Nenne die Namen der Menschen, von denen du annimmmst, daß sie dich am wenigsten unterstützt haben:

1. ____________________
2. ____________________
3. ____________________
4. ____________________
5. ____________________

DD. Nenne die Namen der Menschen, die sich auf deine Unterstützung verlassen:

1. ____________________
2. ____________________
3. ____________________
4. ____________________
5. ____________________

EE. Nenne die Namen der Menschen, die deine Unterstützung mißbraucht haben:

1. ____________________
2. ____________________
3. ____________________
4. ____________________
5. ____________________

FF. Nenne Aspekte deines physischen Befindens, über die du dir gegenwärtig Sorgen machst:

1. ______
2. ______
3. ______
4. ______
5. ______

GG. Nenne die Dinge (oder Menschen), über die du dir am häufigsten Sorgen machst und überlege, was diese Sorgen zum Verschwinden bringen könnte.

1. ______
   ______
2. ______
   ______
3. ______
   ______
4. ______
   ______
5. ______
   ______

HH. Was sind deine größten Stärken?

1. ____________________
2. ____________________
3. ____________________
4. ____________________
5. ____________________

II. Was sind deine Hauptwünsche?

1. ____________________
2. ____________________
3. ____________________
4. ____________________
5. ____________________

JJ. Wenn du eine Auszeichnung erhalten würdest–
wofür erhieltest du sie am liebsten?

____
____
____
____
____

KK. Wenn du eine Auszeichnung erhalten solltest – wen würdest du das gerne wissen lassen?

1. ____________________
2. ____________________
3. ____________________
4. ____________________
5. ____________________

LL. In welchen Dingen übertreibst du?

1. ____________________
2. ____________________
3. ____________________
4. ____________________
5. ____________________

MM. Welche Dinge sind für dich von größter Wichtigkeit?

1. ____________________
2. ____________________
3. ____________________
4. ____________________
5. ____________________

NN. Was verletzt dich am meisten?

1. ______
2. ______
3. ______
4. ______
5. ______

OO. Beantworte spontan für jeden obengenannten Punkt: wie könnte das – auf realistische Weise – in Ordnung gebracht werden?

1. ______
2. ______
3. ______
4. ______
5. ______

PP. Von welchen Menschen würdest du gerne eine Entschuldigung hören?

1. ______
2. ______
3. ______
4. ______
5. ______

QQ. Was müßte geschehen, um dich davon zu überzeugen, daß du Erfolg hattest?

____

____

____

____

RR. Welche Namen sind beim Ausfüllen dieses Persönlichkeitsbogens am häufigsten aufgetaucht?

1. ______________________________
2. ______________________________
3. ______________________________
4. ______________________________
5. ______________________________

SS. Nenne fünf Unterschiede zwischen jeder der obengenannten Personen und dir:

1. ______________________________
2. ______________________________
3. ______________________________
4. ______________________________
5. ______________________________

ARBEITSBOGEN

Persönlichkeitsprofil / Seite 16

1.
2.
3.
4.
5.

1.
2.
3.
4.
5.

1.
2.
3.
4.
5.

1.
2.
3.
4.
5.

TT. Wie würdest du dich selbst neu gestalten, wenn du innerhalb deiner realistischen Grenzen die Möglichkeit dazu hättest?

Bitte gib eine detaillierte Beschreibung.

AUFMERKSAMKEIT

TEIL III

- Übungen, die du allein durchführen kannst.
- Übungen, die mit einem Partner ausgeführt werden können.
- Übungen für die Arbeit in der Gruppe.
- Fragen zum Nachdenken oder für Gruppendiskussionen.

Die im *ReSurfacing*-Buch enthaltenen Wortlektionen sind Auszüge aus Vorträgen, die Harry Palmer zwischen 1987 und 1992 gehalten hat.

WILLE

Unter dem Vorwand, Individuen zu sozialer Anpassung erziehen zu müssen, mißbilligen Schulen und Regierungen eigenmächtiges oder eigenwilliges Verhalten. Eigenwilligkeit wird mit Halsstarrigkeit oder Widerspenstigkeit gleichgesetzt.

Da er nicht trainiert und eingesetzt wird, fällt der individuelle Wille so in einen Zustand der Teilnahmslosigkeit und wird durch unterdrückende Indoktrination ruhiggestellt. Das Individuum soll durch Regeln und Vorschriften, bei deren Übertretung schmerzhafte Konsequenzen drohen, am Erwachen gehindert werden. Persönliches Verantwortungsgefühl und eigenverantwortliches Handeln werden getadelt und durch abstrakte Ideen über Recht und Ordnung ersetzt. Diese dienen als Rechtfertigung für jegliches Handeln, wie selbstsüchtig, unmoralisch oder grausam es auch sein mag.

Im Laufe der vergangenen 10 Jahrtausende wurden die Methoden der Indoktrination zu höchst effektiven Techniken weiterentwickelt. Das Individuum wurde zu einer Marionette, die nach den falsch verstandenen Lektionen längst verstorbener Vordenker tanzt. Aus diesem Grunde befindet sich der individuelle Wille in einem tiefen Schlummerzustand. Dieses Schwinden der Omnipotenz des Willens geht mit einer zunehmenden Verstrickung in persönliche Bedürfnisse und Wünsche einher. Gewahrsein wird zu Geist, Verstand und Körper.

Ein Mangel an Willenskraft erzeugt eine Sucht nach vorgegebenen Richtlinien, die von Wahrheit verkündenden Gurus genährt, von Schildermalern verewigt und von Gerichtshöfen für gültig erklärt wird. Eigenverantwortung wird ohne großes Aufheben

Wille: Die Macht, eine wohldurchdachte Wahl oder Entscheidung zu treffen oder die eigenen Handlungen zu steuern.

eigenwillig: Selbstbestimmte oder absichtliche Aussage oder Handlung.

indoktrinieren: Jemanden mit Glaubenssätzen vollstopfen.

Macht: Im allgemeinen die Abwesenheit äußerer Restriktion oder Begrenzung, so daß die Entscheidung, zu handeln oder nicht, ausschließlich der inneren Kontrolle des Individuums unterliegt.

Omnipotenz: Unbegrenzte Macht oder Autorität.

durch einheitliche gesetzliche Kodizes ersetzt. An die Stelle von Freiheit treten staatlich gesteuerte Wahlmöglichkeiten (du kannst frei wählen, ob du deine Steuern bar oder per Scheck bezahlen willst).

Bei manchen Menschen beginnt der Wille bereits wieder zu erwachen, wenn sie nur mit der Idee eines selbstbestimmten Lebens in Berührung kommen. Andere dagegen schlafen tief und fest, bis sie zu Grabe getragen werden.

Diejenigen, die aufwachen, schauen sich um und sind erstaunt über die Schlafwandler-Existenz, die sie bis zu diesem Augenblick führten. Die Erkenntnis „Ich entscheide" befreit sie von ihrer Sucht nach Antworten. Manche erwachen so voller Scham über ihr bisheriges unverantwortliches Verhalten, daß sie beginnen, gegen jegliche Art von Autorität zu rebellieren. Einige beginnen sogar gegen den Ursprung ihres Erwachens zu kämpfen.

Einen Aspekt dieses rebellischen Erwachens kann man während der Spätphase der Pubertät beobachten, in der unerfahrene Jugendliche ihre Willenskraft an den geringsten Kleinigkeiten erproben. Wenn es ihnen gelingt, der totalen Indoktrination zu entkommen, reift auch ihr Verantwortungsgefühl und hält mit dem Willen Schritt. Sie erkennen: Der richtige Umgang mit Willenskraft bedeutet nicht Eroberung und Unterwerfung, sondern disziplinierte Steuerung der eigenen Aufmerksamkeit.

Freiheit mißt sich an der Zahl der Entscheidungen, die eine Person fällt. Solange das Fällen eigener Entscheidungen mehr Vergnügen als Schmerz bereitet, strebt ein Mensch nach mehr Freiheit und weniger Indoktrination. Wenn im umgekehrten Fall das Treffen von Entscheidungen mehr Schmerz als Vergnügen verursacht, wünscht sich der Mensch weniger Freiheit und ist für Indoktrination offen.

ÜBUNG 2

Den Willen erwecken

Der Wille erwacht nur langsam aus seinem Tiefschlaf. Anfangs ist er überwältigt von der Turbulenz der auf ihn einstürmenden Gedanken. Seine erste Reaktion ist: „Sag mir einfach, was du willst, und ich tue es."

Ziel: Stärken des Willens durch das Beschreiben von Objekten.

Erwartete Resultate: Einsichten, zur Ruhe kommen, gesteigerte Wahrnehmung.

Anleitung

Mache einen Spaziergang, bemerke etwas und entscheide, wie du es beschreiben würdest. Fahre damit fort, verschiedene Objekte auf diese Weise zu betrachten.

Gruppenvariante

Der Gruppenleiter verteilt Karten mit den Namen allgemein bekannter Objekte. Nun beschreibt jeder Teilnehmer, wie es sich anfühlt, dieses Objekt zu sein, ohne jedoch dessen Namen zu nennen. Die Gruppenmitglieder versuchen, das Objekt anhand dieser Beschreibungen zu identifizieren (die Gruppenmitglieder können sich auf zusätzliche Spielregeln einigen).

Avatar. ÜBUNG 3

Schulung der Aufmerksamkeit

Ziel: Die Aufmerksamkeit unter die Kontrolle des Willens zu bringen.

Erwartete Resultate: Ein stärkeres Gefühl persönlicher Standfestigkeit und Macht.

Anleitung 1

Wähle irgendein unbewegtes Objekt aus und richte deine Aufmerksamkeit etwa zwei Minuten lang darauf (untersuche es). Jedesmal, wenn du abschweifst und deine Aufmerksamkeit nachläßt, holst du sie zurück.

Beispiel:
Wähle ein Objekt aus.
Start. (2 Minuten später:)
Stop. Ist deine Aufmerksamkeit noch auf dieses Objekt gerichtet?

Diese Übung kann in der Gruppe oder mit einem Coach, der den Zwei-Minuten-Takt vorgibt, durchgeführt werden. Falls dir diese Übung nach mehreren Versuchen immer noch Schwierigkeiten bereitet, solltest du zu Übung 2 zurückkehren.

Anleitung 2

Vergegenwärtige dir ein inneres Bild oder eine Erinnerung und richte deine Aufmerksamkeit zwei Minuten lang darauf. Du kannst die Übung mit einem Coach durchführen, der den Zwei-Minuten-Takt vorgibt. Hole deine Aufmerksamkeit jedesmal, wenn du abschweifst, zurück. Tue alles, was nötig ist, um das Bild am Verschwinden zu hindern. Falls dir diese Übung nach mehreren Versuchen noch Schwierigkeiten macht, solltest du zu Schritt 1 (Erforschung unbewegter Objekte) zurückkehren.

Beispiel:
Vergegenwärtige dir ein inneres Bild.
(Die Person soll es kurz benennen.)
Start.
(Zwei Minuten später:)
Stop. Ist deine Aufmerksamkeit noch auf dieses geistige Bild gerichtet?

Gruppenübung: „Simon sagt"

Der Gruppenleiter gibt der Gruppe Anweisungen:
Sich auf den Kopf klopfen, aufstehen, die Hand des Nachbarn/der Nachbarin schütteln usw. Die Gruppenmitglieder dürfen nur solche Anweisungen ausführen, denen die Worte „Simon sagt" vorausgehen; andernfalls ignorieren sie die Anweisungen. Die Person, die in einer Runde die wenigsten Fehler macht, wird bei der nächsten Übung Gruppenleiter.

Ein Selbst ist eine Vorstellung, derer sich das Gewahrsein bedient, um bestimmte andere Vorstellungen zu erfahren.
Es ist die Luftblase, von der aus du andere Luftblasen betrachtest.

GEWAHRER WILLE SEIN

Gibt es überhaupt irgendeinen Beweis für die Existenz dieses nicht definierbaren Gewahrseins, von dem ich immer wieder spreche?

Es befindet sich jenseits von Zeit und Raum, jenseits aller Dimensionen, es besitzt keine Masse, hat keine Wellen, keine Frequenz – kurz, es ist unvorstellbar. *Nicht dies. Nicht das. Und auch nicht jenes.*

Es befindet sich jenseits der Parameter, mit deren Hilfe wir bestimmen, ob etwas existiert oder nicht. Kannst du dir etwas vorstellen, das unvorstellbar ist? Nein! Lege deinen Verstand mit all seinen Etiketten und Definitionen beiseite. Welchen Beweis haben wir für die Existenz dieses nicht definierbaren Gewahrseins, das übrigbleibt, wenn alles andere eliminiert wurde?

Was bleibt übrig? Nur das Eliminierende. Wenn wir das verstehen, erkennen wir, daß alles, was nicht zu seiner Beschreibung taugt, tatsächlich seine Existenz beweist. *Dies. Das. Und auch jenes.*

Omnipräsent:
Überall gleichzeitig präsent, allgegenwärtig.

gewahr: achtsam; aufmerksam; wissend.

Wille: Die Macht zu entscheiden; zu steuern; zu bestimmen.
Spüre, wie es sich anfühlt, ganz mühelos nur allgegenwärtiger gewahrer Wille zu sein.

Gewahrer Wille, reines Bewußtsein, vollkommenes Gleichgewicht, wach in der Leere.

ÜBUNG 4

Als bewußter Wille handeln

Dies ist eine sehr kraftvolle Übung mit dem Ziel, ein stärkeres Gewahrsein des Selbst wachzurufen. Es wird zahlreicher Versuche bedürfen, ehe man ein müheloses Gewahrsein erreicht. Zugleich führt sie Schritt für Schritt zur Selbstdisziplin.

Ziel: Das Verhalten unter die Kontrolle des Willens stellen.

Erwartete Resultate: Das Erkennen der eigenen Programmierung und die Fähigkeit, diese zu löschen.

Anleitung

Die Übung wird jeweils fünf Minuten lang durchgeführt und beginnt damit, daß du ruhig dasitzt oder stehst (ein Coach ist hilfreich, aber nicht unbedingt erforderlich).

Nun kannst du still sitzen oder stehen bleiben oder dich überall hin bewegen, wohin du möchtest, vorausgesetzt, du faßt (entweder im Geiste oder laut) die Entscheidung, dich zu bewegen, in Worte, *bevor* du dich in Bewegung setzt. Jede unfreiwillige Bewegung, die du beobachtest, sollte: 1) sofort gestoppt werden, 2) verbalisiert werden und dann 3) bewußt und absichtlich fortgeführt werden.

Alternative

Du kannst diese Lektion auf ein fortgeschritteneres Niveau erweitern, indem du die Zusammenhänge zwischen den unwillkürlichen Bewegungen und bestimmten geistigen Zuständen wahrnimmst.

Beispiel: Du stehst still da.
(Entscheidung): „Ich werde zu dieser Wand hinübergehen." (*Tue es*)
(Unfreiwillige Bewegung): Du ertappst dich dabei, wie du dich auf der linken Seite des Kopfes kratzt. *(Halte inne, teile dem Selbst eine innere Unsicherheit mit.)*
Verbalisiere die Entscheidung: „Ich werde mich jetzt auf der linken Seite des Kopfes kratzen *(tue es, bis sich die Unsicherheit von der Handlung loslöst).*
(Entscheidung): „Ich werde aufhören, mich auf der linken Seite des Kopfes zu kratzen." *(Tue es).*
(Entscheidung): „Ich werde aus dem Fenster schauen."*(Tue es)* usw.

ÜBUNG 5

Der Wille lenkt alles

Alle Kämpfe und Konflikte zwischen dem Selbst und der Welt resultieren aus der Unkenntnis des Prinzips, daß Bewußtsein und das physische Universum denselben Ursprung haben. Der Wille ist eine Eigenschaft dieses Ursprungs und bildet somit eine Brücke zwischen der physischen und der geistigen Ebene.

Ziel 1: Zu demonstrieren, welche Wirkung der Wille mit einer absichtlichen physischen Handlung auf die geistige Einstellung haben kann.

Anleitung

Lächle absichtlich, bis du Freude verspürst.

Ziel 2: Zu demonstrieren, welche Wirkung der Wille mit einer absichtlichen geistigen Einstellung auf das physische Handeln haben kann.

Anleitung

Denke so lange „Ich bin glücklich", bis du beginnst zu lächeln.

AUFMERKSAMKEIT

Wenn der bewußte Wille durch einen Standpunkt geleitet wird, erschafft er mit den Eigenschaften und Absichten dieses Standpunktes Aufmerksamkeit .

Im Lateinischen heißt 'aufmerksam sein' *adtendere*. Die Silbe *ad* bedeutet 'hin, zu' und *tendere* bedeutet 'dehnen, ausdehnen'. Wenn du deine Aufmerksamkeit auf etwas oder jemanden richtest, dann dehnst du dich aus, bis hin zu diesem Objekt oder diesem Menschen. Betrachte etwas, und deine Energie wird sich bis zu diesem Gegenstand hin ausdehnen. Sobald deine Neugier befriedigt ist, zieht sich deine Aufmerksamkeit von dem betrachteten Gegenstand oder von dem, was du gerade hörtest oder berührtest, zurück und bewegt sich auf etwas anderes zu. Jeder Mensch oder Gegenstand, auf den du deine Aufmerksamkeit richtest, wird für dich realer.

Realität wird durch Aufmerksamkeit aufrechterhalten. Aufmerksamkeit ist jene kreative Energie, die sowohl das Bewußtsein als auch das Universum erschafft. Hier ist der Übergangsbereich, an dem Denken zur Wahrnehmung wird – jene Sphäre, in der sich das Bewußtsein in eine den Sinnen zugängliche Realität verwandelt – und umgekehrt. Hier offenbart sich das Physische, wird das Wort zum Universum. Es ist der kosmische Grenzbereich, (der „Sternenrand", *Star's Edge*).

Aufmerksamkeit erscheint sowohl als Energie (forschend/ schöpferisch) als auch in Form subatomarer Teilchen (als Informationsträger/Schöpfung). Als Energieform (Nachforschung/ Absicht) kann Aufmerksamkeit allein durch den Willen gesteuert werden, aber sobald sie zu subatomaren Teilchen wird (Wahrnehmung), ist zu ihrer Steuerung sowohl Wille als auch physisches Handeln erforderlich. Wenn du etwas allein durch die Kraft deines Willens verändern willst, mußt du die Aufmerksamkeitsteilchen oder -partikel (Wahrnehmung) wieder in eine Energieform (forschend/schöpferisch) zurücktransformieren. Andernfalls bleibt dir nichts anderes übrig, als deine Ärmel hochzukrempeln und genügend physische Kraft aufzubringen, um die Teilchen gemäß deiner Absicht zu bewegen – eigentlich ein ziemlich primitiver Ansatz.

Der Wille hat die Funktion, Aufmerksamkeit zu steuern, auszurichten, zu lenken, zu verschieben oder abzuziehen.

ÜBUNG 6

Bewußtes Steuern der Aufmerksamkeit

Ziel: Verbessern der Fähigkeit, Aufmerksamkeit zu steuern.

Erwartete Resultate: Einsichten, gesteigertes Wohlbefinden, Wiedererlangen der Fähigkeit zur Selbstbestimmung.

Anleitung

Die folgenden Anweisungen werden den Gruppenmitgliedern vom Gruppenleiter *laut* vorgelesen. Nach jeder Anweisung macht der Gruppenleiter eine Pause (etwa 10 Sekunden), bis die Gruppenmitglieder die Anweisung ausgeführt haben.

1. Betrachtet die vordere Wand des Raumes und entdeckt dort etwas, was ihr bisher nicht bemerkt hattet.
2. Danke. Betrachtet die linke Wand und entdeckt daran etwas, das ihr bisher nicht bemerkt hattet.
3. Danke. Betrachtet die rechte Wand und entdeckt daran etwas, das ihr bisher nicht bemerkt hattet.
4. Danke. Betrachtet die hintere Wand und entdeckt daran etwas, das ihr bisher nicht bemerkt hattet.
5. Danke. Schaut an die Zimmerdecke und entdeckt daran etwas, das ihr bisher nicht bemerkt hattet.
6. Danke. Betrachtet den Fußboden und entdeckt daran etwas, das ihr bisher nicht bemerkt hattet.
7. Danke. Schaut auf die vordere Wand und richtet eure Aufmerksamkeit auf die linke Wand.
8. Danke. Schaut auf die vordere Wand und richtet eure Aufmerksamkeit auf die hintere Wand.
9. Danke. Schaut auf die vordere Wand und richtet eure Aufmerksamkeit auf die rechte Wand.

10. Danke. Schaut auf die vordere Wand und richtet eure Aufmerksamkeit auf die Zimmerdecke.
11. Danke. Schaut auf die vordere Wand und richtet eure Aufmerksamkeit auf den Fußboden.
12. Danke. Schaut auf die vordere Wand und richtet eure Aufmerksamkeit auf euch selbst.
13. Danke. Schaut auf die vordere Wand und richtet eure Aufmerksamkeit auf die Geräusche, die ihr hört.
14. Danke. Schaut auf die vordere Wand und richtet eure Aufmerksamkeit auf die Knochen in eurem Körper.
15. Danke. Schaut auf die vordere Wand und richtet eure Aufmerksamkeit auf die vordere Wand.
16. Danke. Entscheidet euch, worauf ihr euren Blick als nächstes richten wollt.
17. Danke. Wenn ihr sicher seid, daß ihr euch entschieden habt, dann schaut in diese Richtung.
18. Danke. Entscheidet euch, in welche Richtung ihr jetzt blicken wollt.
19. Danke. Wenn ihr sicher seid, daß ihr euch entschieden habt, dann schaut in diese Richtung.
20. Danke. Entscheidet euch, in welche Richtung ihr als nächstes blicken wollt.
21. Danke. Wenn ihr sicher seid, daß ihr euch entschieden habt, dann schaut in diese Richtung.
22. Danke. Entscheidet euch, in welche Richtung ihr als nächstes schauen und worauf ihr eure Aufmerksamkeit richten wollt.
23. Danke. Wenn ihr sicher seid, daß ihr euch entschieden habt, dann führt es durch.
24. Danke. Entscheidet euch, in welche Richtung ihr als nächstes schauen und worauf ihr eure Aufmerksamkeit richten wollt.
25. Danke. Wenn ihr sicher seid, daß ihr euch entschieden habt, dann führt es durch.

26. Danke. Entscheidet euch, in welche Richtung ihr als nächstes schauen und worauf ihr eure Aufmerksamkeit richten wollt.

27. Danke. Wenn ihr sicher seid, daß ihr euch entschieden habt, dann führt es durch.

28. Danke. Richtet nun eure Aufmerksamkeit mit geschlossenen Augen auf die rechte Wand.

29. Danke. Wechselt nun zur linken Wand.

30. Danke. Verlegt nun die Aufmerksamkeit zurück zur rechten Wand.

31. Danke. Nun zurück zur linken Wand.

32. Danke. Richtet eure Aufmerksamkeit nun auf die hintere Wand.

33. Danke. Wechselt jetzt mit eurer Aufmerksamkeit zur vorderen Wand.

34. Danke. Teilt nun eure Aufmerksamkeit zwischen der linken und der rechten Wand.

35. Danke. Teilt jetzt eure Aufmerksamkeit zwischen der vorderen und der hinterenWand.

36. Danke. Teilt eure Aufmerksamkeit zwischen dem Fußboden und der Zimmerdecke.

37. Danke. Teilt eure Aufmerksamkeit zwischen dem Fußboden, der Zimmerdecke und der vorderen Wand.

38. Danke. Teilt eure Aufmerksamkeit zwischen dem Fußboden, der Zimmerdecke, der vorderen Wand und der hinteren Wand.

39. Danke. Teilt eure Aufmerksamkeit zwischen dem Fußboden, der Zimmerdecke, der vorderen Wand, der hinteren Wand und der linken Wand.

40. Danke. Teilt eure Aufmerksamkeit zwischen dem Fußboden, der Zimmerdecke, der vorderen Wand, der hinteren Wand, der linken Wand und der rechten Wand.

41. Danke. Vermindert nun die Anstrengung, mit der ihr eure Aufmerksamkeit auf den Fußboden, die Zimmerdecke, die vordere Wand, die hintere Wand, die linke Wand und die rechte Wand richtet.

42. Danke. Reduziert eure Anstrengung noch mehr.

43. Danke. Und noch einmal, versucht die Anstrengung so gering wie möglich zu halten, während ihr jedoch weiterhin eure Aufmerksamkeit auf den Fußboden, die Zimmerdecke, die vordere Wand, die hintere Wand, die linke und die rechte Wand richtet.

44. Danke. Öffnet nun die Augen, schaut euch um und beendet diese Übung.

Kontemplation und Diskussion

Kontemplation bedeutet, daß man etwas sorgfältig studiert, es von allen Seiten betrachtet, beobachtet oder sich von verschiedenen Standpunkten aus vorstellt. Dieser Prozeß umfaßt zwei Phasen, die man eine Zeitlang abwechselnd wiederholt: Zuerst richtet man seine Aufmerksamkeit auf das betreffende Problem, die Frage oder das jeweilige Konzept und läßt sie dann nach ein paar Minuten wieder los, das heißt, man entspannt sich und richtet seine Aufmerksamkeit auf etwas anderes. Man konzentriert sich, entspannt sich, konzentriert sich, entspannt sich usw. Möglichkeiten tauchen auf und wandeln sich, bis schließlich jener Augenblick der Klarheit kommt, in dem man zu Einsichten und Erkenntnissen gelangt.

Kontemplation kann uns über unser vertrautes Alltagsbewußtsein, das wir als „unseres" definieren, hinausführen – auf verschiedene Ebenen des überpersönlichen Bewußtseins, die in der legendären „Akasha-Chronik", dem Weltgedächtnis, in dem sämtliche Lebenserfahrungen aufgezeichnet sind, gipfeln.

Gruppendiskussionen können auf ähnliche Weise hilfreich sein, um eine Idee oder ein Konzept von verschiedenen Blickwinkeln oder Standpunkten aus zu erforschen. Wenn sich die Teilnehmer in Übereinstimmung befinden, entsteht ein synergetisches Feld, in dem die kollektive Aufmerksamkeit Einsichten und Erkenntnisse hervorbringt.

In Gruppendiskussionen sollten die Teilnehmer den Mut haben, ihre Ideen auszudrücken, sollten anderen Standpunkten gegenüber tolerant sein und auf eine Weise zuhören, welche die Entfaltung der von anderen vorgebrachten Ideen oder Antworten unterstützt.

Im nachfolgenden Teil dieses Arbeitsbuches werden immer wieder Fragen auftauchen, die Gegenstand einer Kontemplation oder Gruppendiskussion sein sollen. Hier ist die erste:

Frage 1

Wo hat Aufmerksamkeit ihren Ursprung?

Avatar. ÜBUNG 7

Wie verhält sich Aufmerksamkeit?

Wenn Aufmerksamkeit nicht durch den Willen gesteuert wird, reagiert sie auf Impulse aus der Umgebung oder verhält sich gemäß alter Reaktionsmuster aus der Vergangenheit.

Aufmerksamkeit: Hält wie die Schwerkraft die Dinge an ihrem Platz, indem sie sie zu ihrem Ursprung hinzieht. In beiden Fällen spielt es keine Rolle, von welcher Beschaffenheit das Angezogene ist.

Ziel: Das Verhalten von Aufmerksamkeit zu erforschen.

Erwartete Resultate: Einsichten, gesteigertes Wohlbefinden, Wiedererlangen der Fähigkeit zur Selbstbestimmung.

Anleitung 1

Widerstand ist die sicherste Methode, etwas andauern zu lassen.

Laß deinen Blick für eine Minute umherschweifen, richte deine Aufmerksamkeit auf verschiedene Dinge im Raum und nimm wahr, wie sie sich einige Augenblicke auf etwas Bestimmtes heftet oder von etwas anderem abgestoßen wird. Fast alle Menschen spüren einen Unterschied, wenn sie ihre eigenen Hände betrachten oder in die Augen eines Fremden schauen. Die Aufmerksamkeit verweilt auf bestimmten Dingen, während sie von anderen abgestoßen wird.

Wenn du dich in einer sehr vertrauten Umgebung befindest, stellst du vielleicht fest, daß die Kräfte der Anziehung und des Abstoßens bei fast allen Dingen gleich stark sind. In diesem Fall solltest du die Übung in einer dir weniger vertrauten Umgebung wiederholen, beispielsweise in einem Einkaufszentrum.

Anleitung 2

Schließe etwa eine Minute lang die Augen und lasse die Ereignisse der vergangenen Woche an dir vorüberziehen. Nimm wahr, wie deine Aufmerksamkeit an bestimmten Dingen haften bleibt, während andere Dinge sie abzustoßen scheinen.

Frage 2

Was bestimmt die Anziehung oder das Abstoßen von Aufmerksamkeit?

Frage 3

Denke an etwas, das dich einst anzog, heute aber abstößt. Wodurch wurde diese Veränderung verursacht?

Frage 4

Denke an etwas, das dich einst abstieß, jetzt aber anzieht. Was verursachte diesen Wandel?

Frage 5

Wodurch wird Aufmerksamkeit fixiert?

Avatar. ÜBUNG 8

Erschöpfen der Aufmerksamkeit

(Achtung: Diese Übung dient nur zu Demonstrationszwecken. Führt man sie länger als 2 oder 3 Minuten durch, kann sie zu einem unerwünschten hypnotischen Zustand führen.)

Ziel: Das absichtliche Herstellen eines Zustandes erschöpfter Aufmerksamkeit, damit sich ein solcher Zustand künftig im Alltagsleben erkennen läßt.

Erwartete Resultate: Vorübergehende Verwirrung, momentanes Unwohlsein, Überflutung.

Anleitung

Die folgende Übung kann in der Gruppe oder zu zweit durchgeführt werden. Der Gruppenleiter oder Coach liest die folgenden Anweisungen schnell aufeinanderfolgend vor. Dadurch sollen die Teilnehmenden erfahren, wie ihre Aufmerksamkeit überflutet wird und sich schließlich erschöpft.

1. Stelle dich hin und blicke in eine Richtung, die dir angenehm erscheint.
2. Ziehe dann ein Bein an, so daß du entweder nur auf dem rechten oder nur auf dem linken Bein stehst, und hebe den gegenüberliegenden Ellbogen bis auf Augenhöhe an.
3. Halte diese Position ein, balle eine Hand zur Faust, indem du den Daumen mit den Fingern umschließt, und halte die andere Hand mit nach unten gerichteter Handfläche und gespreizten Fingern in Augenhöhe.
4. Öffne nun deinen Mund und lege die Zunge an den Gaumen.
5. Halte die Balance, während du die Positionen der Hände wechselst – von links nach rechts oder von rechts nach links – und gleichzeitig das Alphabet vom Buchstaben G an rückwärts aufsagst.

Schreibe danach kurz auf, wie du dich körperlich und emotional fühlst, wenn deine Aufmerksamkeit sich dem Punkt der Erschöpfung nähert.

Jegliche Identität (beispielsweise dein Name, dein Selbstbild, dein Zugehörigkeitsgefühl, deine Fähigkeiten usw.) wirken als Hindernis oder Widerstand im Fluß der Aufmerksamkeit. Wenn der Widerstand gegen Aufmerksamkeit stärker ist als das vom Willen gesteuerte Fließen, erfährt man einen Zustand der Erschöpfung, Überflutung und Verwirrung.

Identität = Du und Überzeugungen.

Frage 6

In welcher Beziehung steht Aufmerksamkeit zur Umgebung?

Frage 7

Welche Beziehung besteht zwischen Aufmerksamkeit und Streß?

Frage 8

Welche Beziehung besteht zwischen Aufmerksamkeit und Identität?

Frage 9

Welche Beziehung besteht zwischen Aufmerksamkeit und Gesundheit?

Frage 10

Welche Ereignisse, Verhaltensweisen oder Beziehungen verringern deinen Aufmerksamkeitsvorrat?

Frage 11

Welche Ereignisse, Verhaltensweisen oder Beziehungen vergrößern deinen Aufmerksamkeitsvorrat?

Frage 12

Weshalb machen sich die Symptome chronischer Beschwerden bemerkbar, wenn sich die Aufmerksamkeit erschöpft?

Wie erfolgreich ein Mensch in seinem Leben ist, wird durch die Art und Weise bestimmt, wie er reagiert, wenn sich seine Aufmerksamkeit erschöpft. Mit diesem Wissen und der Übung zum Erschöpfen der Aufmerksamkeit kann ein Arbeitgeber beispielsweise sehr schnell das Potential eines zukünftigen Mitarbeiters erkennen, oder ein potentielles Teammitglied kann Rückschlüsse auf die Erfolgschancen eines Gemeinschaftsprojektes ziehen.

Wenn die Aufmerksamkeit erschöpft ist, können verschiedene Reaktionsweisen zutage treten:

- Manchmal begeben sich Menschen in die Opferrolle; sie reagieren, indem sie eine Unfähigkeit betonen und als Ausrede benutzen. Sie sind erfolgreich durch Versagen.
- Manche Menschen geben auf; ihre Reaktion besteht darin, die gestellte Aufgabe zu kritisieren. Sie sind selten erfolgreich.
- Manche Menschen wenden Tricks an und suchen Abkürzungen; ihre Reaktion besteht im Rationalisieren oder darin, die vorgegebenen Schritte abzuwandeln. Um erfolgreich zu sein, brauchen sie genaue Anweisungen und ständige Überwachung.
- Manche Menschen werden wütend oder gereizt; sie reagieren, indem sie andere beschuldigen oder Witze machen. Damit sie erfolgreich sein können, muß man ihnen ihre Verantwortung klar aufzeigen.
- ✪ Manche Menschen geben einfach zu, daß sie sich überwältigt fühlen, ohne es persönlich zu nehmen; ihre Reaktion besteht darin, es noch einmal zu versuchen. Sie sind erfolgreich.

Wenn man in einen Zustand gerät, in dem sich die Aufmerksamkeit erschöpft, ist es am besten, die gestellte Aufgabe in einzelne, gut zu bewältigende Schritte einzuteilen (Prioritätslisten) und an jedem einzelnen Schritt zu arbeiten, bis man ihn mit minimalem Aufmerksamkeitsverlust korrekt ausführen kann. Darin liegt der Wert des Übens.

ÜBUNG 9

Üben und Aufmerksamkeit

Ziel: Den Wert des Übens zu demonstrieren.

Erwartete Resultate: Einsichten, gesteigertes Wohlbefinden, Wiedererlangen der Fähigkeit zur Aufmerksamkeit.

Anleitung

Die folgende Übung kann in der Gruppe oder im Zweierteam durchgeführt werden. Der Gruppenleiter oder Coach liest den Übenden jeweils einen einzigen Schritt vor, bis diese bequem in der Lage sind, jede Handlung ohne ein Gefühl von Überflutung, Nervosität oder Streß durchzuführen.

1. Stell dich hin und blicke in eine für dich angenehme Richtung.
2. Ziehe ein Bein an, so daß du entweder nur auf dem rechten oder nur auf dem linken Bein stehst, und hebe den gegenüberliegenden Ellbogen bis auf Augenhöhe an.
3. Halte diese Stellung, balle eine Hand zur Faust, indem du den Daumen mit den Fingern umschließt, und halte die andere Hand mit nach unten gerichteter Handfläche und gespreizten Fingern in Augenhöhe.
4. Halte diese Position, öffne deinen Mund und lege die Zunge an den Gaumen.
5. Wechsle die Körperpositionen von links nach rechts oder von rechts nach links, während du im Gleichgewicht bleibst, und sage gleichzeitig das Alphabet vom Buchstaben G an rückwärts auf.

AUFMERKSAMKEIT UND INNERES WISSEN BEFREIEN

Alles befindet sich letztendlich im Fluß. Wenn Aufmerksamkeit mit Bedeutung aufgeladen oder mit Werturteilen verbunden ist, bekommt sie eine emotionale Färbung und haftet sich an Dinge. Ihre Beschaffenheit verändert sich – die nicht-physische Schwingung wandelt sich in winzig kleine physische Teilchen oder Partikel um. Diese rufen Gedanken mit schwerkraftsmäßiger Anziehungskraft hervor. Bestimmte Ideen, Objekte, Handlungen oder sogar Orte können so viele Gedanken akkumulieren, daß sie beginnen, ein Eigenleben zu führen. So wird Identität erschaffen. So werden Amulette und Rituale erschaffen. So werden heilige Orte erschaffen. So wird das Universum erschaffen.

Manche Ideen, Objekte, Handlungen und Orte sind mit großer Bedeutung aufgeladen. Je mehr Bedeutung einer Sache beigemessen wird, desto mehr Aufmerksamkeit zieht sie auf sich. Aufmerksamkeit lenkt Aufmerksamkeit. Stellen Sie sich einmal an den Straßenrand und blicken Sie in den Himmel. Bald werden sich andere Menschen zu Ihnen gesellen, die ebenfalls in den Himmel schauen. Wenn Sie etwas nur wichtig genug machen, wird es die gesamte Aufmerksamkeit eines anderen Menschen in Anspruch nehmen. Er wird an nichts anderes mehr denken.

Manche Personen, Ereignisse oder Rituale sind so mit Bedeutung aufgeladen, daß sie Menschen dazu bringen können, ihre Standpunkte (oder ihre Identität) zu ändern, was zur Heilung körperlicher Krankheiten, ja sogar zur Aufgabe der Selbstkontrolle führen kann. Dies geschieht durch einen sehr schnellen Wechsel der Aufmerksamkeit von einer Realität in eine neue Realität. Falls der Betreffende die Realitätsverschiebung aufrechterhalten kann (ohne das Phänomen einem äußeren Ursprung zuzuschreiben), wird sein

Leben auf Dauer verändert bleiben: Eine plötzliche Verwandlung, eine spirituelle Heilung, ein Wunder.

Werde Meister im Verschieben der Aufmerksamkeit (und somit der Realitätsebenen) anderer, baue ein paar Kathedralen, gründe einen Förderverein für deine Bekehrten und .... nun, jetzt weißt du, wie man es macht. Es ist dieses Wissen, durch das Hexenmeister in bestimmten Kreisen populär werden, in anderen nicht.

Wenn sich ein Mensch im Fluß reiner Aufmerksamkeit befindet, geschieht so etwas natürlich nicht. Reine Aufmerksamkeit beobachtet einfach – eine emotionale Reaktion findet nicht statt. Die Person fragt sich vielleicht beiläufig, was der ganze Zauber soll. Denken Sie an Data oder Spock von *Raumschiff Enterprise:* „Eigenartig"! Das ist eine echte Avatar-Haltung: „Interessante Kreation".

Wenn sich die Aufmerksamkeit dem Punkt der Erschöpfung nähert, sollte man eine Bestandsaufnahme machen: Was ist hier wirklich wichtig? Was ist hier nicht wirklich wichtig? Mit etwas Glück werden sich – während man ein paar Mal herzhaft gähnt und sich streckt – die Bedeutungen und Werturteile von den Aufmerksamkeitspartikeln lösen und die Aufmerksamkeit wieder zu jener neutralen, fließenden Energieform werden.

Eine interessante Methode, Angelegenheiten zu klären, besteht darin, jemanden zu fragen, was wirklich wichtig ist, und dem Betreffenden dann zu helfen, sich noch stärker zu fokussieren, indem man ihn fragt, was an dem von ihm Genannten wirklich wichtig ist. Dieser Prozeß hilft einer Organisation, zu ihrer eigentlichen Zielsetzung zurückzukehren und einem Individuum, zur Selbstbestimmtheit zurückzufinden.

Wie sich zeigt, ist die Bedeutung einer Person, einer Sache, eines Objektes, eines Ereignisses oder Projektes selten ein dieser Person, Sache usw. innewohnender Aspekt, sondern wird ihr von außenstehenden Beobachtern und Teilnehmern beigemessen.

Emotion und Wichtigkeit

Ziel: Die Reihenfolge der Prioritäten in deinem gegenwärtigen Leben festzustellen, d.h. welche Dinge sind in welcher Reihenfolge gegenwärtig für dich von Bedeutung?

Erwartete Resultate: Einsichten, gesteigertes Wohlbefinden, Wiedererlangen der Fähigkeit zur Selbstbestimmung.

Anleitung:

1. Erstelle eine Liste von zehn Menschen, Dingen, Angelegenheiten, Ereignissen oder Projekten, denen du in letzter Zeit Aufmerksamkeit gewidmet hast.

   1. ____
   2. ____
   3. ____
   4. ____
   5. ____
   6. ____
   7. ____
   8. ____
   9. ____
   10. ____

2. Ordne nun jeder oben aufgeführten Person oder jedem Ereignis eine Zahl zwischen 1 (überhaupt nicht wichtig) bis 5 (sehr wichtig) zu.

SYN. **Wichtigkeit:** Ist der umfassendste dieser Begriffe und impliziert großen Wert, große Bedeutung, großen Einfluß etc. (Nachrichten von großer Wichtigkeit);

Konsequenz: Ist oft mit dem obengenannten Begriff austauschbar, wobei hier die Betonung der Wichtigkeit mehr auf dem Ausgang oder Ergebnis liegt (eine Meinungsverschiedenheit ohne Konsequenzen);

Tragweite: Drückt ebenfalls Wichtigkeit aus, verleiht einer Angelegenheit allerdings etwas mehr Nachdruck (Ereignisse von großer Tragweite);

Gewicht: Impliziert eine relative Wichtigkeit (sein Wort hat bei uns großes Gewicht);

Bedeutung: Impliziert eine Wichtigkeit oder Tragweite aufgrund einer speziellen Bewandtnis, die nicht unbedingt unmittelbar ersichtlich sein muß (Ein Ereignis von Bedeutung).

3. Bewerte nun jeden Punkt der Liste danach, wie nahe er deiner Idealvorstellung, kommt. Vergib Noten von 5 (perfekt) bis 1 (völlig unakzeptabel). Hier ein kleiner, aber wertvoller Trick: Wird Aufmerksamkeit dazu benutzt, etwas zu erschaffen, kann sie in Unsicherheit steckenbleiben. Indem man die Aufmerksamkeit durch die Unsicherheit zurück zu dem gewünschten Ergebnis lenkt, löst sich die Blockade wie von selbst auf.

Frage 13

Wie wirkt sich die *Übereinstimmung* oder die *Nicht-Übereinstimmung* zwischen den von mir aufgelisteten Prioritäten und der Ausrichtung meiner Aufmerksamkeit auf mein Leben aus?

Avatar ÜBUNG 11

Auf die Ränder achten

Vor langer Zeit erklärte mir meine Mutter, daß man einen Horrorfilm ganz gut überstehen könne, ohne sich zu sehr zu fürchten, indem man „auf die Ränder der Leinwand achtet".
Auf die Ränder zu achten bedeutet, sich der Dinge jenseits der Peripherie des gegenwärtigen Brennpunkts unserer Aufmerksamkeit bewußt zu bleiben.

Ziel: Lernen zu beobachten, ohne daß sich die Aufmerksamkeit auf etwas fixiert.

Erwartete Resultate: Die Fähigkeit, die Aufmerksamkeit zu verschieben.

Anleitung

1. Mache einen Spaziergang und werde dir gewahr, daß dein Wahrnehmungsfeld Ränder (Grenzen) hat. Bleibe dir der Dinge außerhalb dieser Grenzen bewußt.
2. Führe mit jemandem ein Gespräch und behalte dabei die Grenzen (Ränder) dessen, was du siehst, im Auge. Bleibe dir der Dinge jenseits dieses Begrenzungsrahmens bewußt.
3. Erinnere dich an ein unerfreuliches Ereignis und bleibe dir der Dinge jenseits des Begrenzungsrahmens dieser Erinnerung bewußt.

ÜBUNG 12

Festgefahrene Aufmerksamkeit lösen

Einige Bereiche können so fixiert oder emotional aufgeladen sein, daß es nicht möglich ist, die Aufmerksamkeit sofort auf sie auszudehnen (unbewußte Erinnerungen) oder von ihnen abzuziehen (Gefahr). Die Schöpfungsübungen der Stufe II der Avatar-Materialien lehren den Umgang mit solchen Situationen.

Will man die fixierte Aufmerksamkeit auf eine bestimmte Sache lösen, konzentriert man sich wiederholt auf diesen Bereich und zieht dann die Aufmerksamkeit wieder ab. Dadurch wird die Anhaftung schließlich gelöst. Das geschieht normalerweise unvermittelt und wird von einem oder mehreren der folgenden Ereignisse begleitet:

- eine plötzliche Einsicht in die betreffende Situation
- das Auftauchen einer Lösung
- die Auflösung des gesamten Komplexes
- Linderung von Schmerz
- emotionale Entladung
- Lösung eines alten Traumas
- Eine Standpunktsänderung (Änderung der Einstellung – Neubewertung der Prioritäten)

Ziel: Desensibilisierung heikler Bereiche durch Lösen der festgefahrenen Aufmerksamkeit.

Erwartete Resultate: Körperliche und seelische Heilung.

Anleitung

Wähle irgendein heikles Thema aus dem Persönlichkeitsprofil oder aus deinem Leben. Wechsle nun zwischen folgenden beiden Phasen ab:
1) beschreibe die Angelegenheit in allen Einzelheiten, bis deine Aufmerksamkeit völlig darauf gerichtet ist; dann 2) beschreibe irgendein Objekt deiner Umgebung, bis deine Aufmerksamkeit sich völlig von dem heiklen Thema gelöst hat.

Wiederhole diese Übung, bis eines (oder mehrere) der obengenannten Resultate eintritt.

Anmerkung: Du solltest bereit sein, diese Übung über einen längeren Zeitraum durchzuführen. Sie kann alte Wunden aufreißen und sollte nicht vorzeitig abgebrochen werden, weil es schwierig wird. Du bist stärker. Geh den Weg bis zum Ende.

AUFMERKSAMKEIT UND IDENTITÄT

Gravitationspartikel
erschaffen Masse
Aufmerksamkeitspartikel
erschaffen Selbst

Aufmerksamkeit entspringt definitionslosem, reinem Gewahrsein. Je direkter man mit diesem Gewahrsein verbunden ist, desto reiner ist der Fluß der Aufmerksamkeit. Vergleiche den unschuldigen Blick eines Neugeborenen mit dem abwesenden, ausdruckslosen Starren eines hoffnungslosen menschlichen Wracks. Wer ist dem Gewahrsein näher? Wer verfügt über mehr Aufmerksamkeit? Was ist hier geschehen?

Reines Sein ist egolos, mitfühlend, verantwortungsvoll und absolut frei von Werturteilen. Reines Sein ist reine, bewußte Wahrnehmung.

Wenn Wesen *aufhören*, der Schöpfung gegenüber mitfühlend, verantwortungsvoll und frei von Werturteilen zu sein, geschieht etwas Interessantes – sie werden zur Schöpfung! Das ist der Abstieg des Menschen.

Das Herausfallen des Menschen aus dem Zustand der Unschuld und Gnade beginnt mit den Worten: „Ich bin dies; ich bin nicht jenes". Diese Aussage ist eine Verneinung der vollen Verantwortung und steht am Anfang des Prozesses der Selbstdefinition in Abgrenzung zum reinen Sein. Hier beginnt die Dualität. In dem Augenblick, in dem man sagt: „Ich bin dies", wird man zu einer bewußten Schöpfung, die getrennt ist von „Ich bin nicht das".

Je stärker man Verantwortung ablehnt, desto mehr Substantive setzt man hinter die Worte „Ich bin". Bewußtsein wurzelt in der Verneinung.

Je festgefügter das Selbstbild im Laufe der Zeit wird, desto mehr schrumpft die Öffnung, durch die wir mit dem definitionslosen Gewahrsein verbunden sind. Leben wird durch den Fluß der Aufmerksamkeit aufrechterhalten. Dieser Fluß muß von irgendwoher kommen. Wenn man den Fluß des Lebens nicht mehr durch eine innere Verbindung zum Ursprung aufrechterhalten kann, wendet man sich nach außen, um Aufmerksamkeit zu erregen. Dies führt zu unechtem Verhalten; man beginnt, eine Maske zu tragen und versucht, es anderen Menschen recht zu machen und sie zu umwerben. Das Streben nach Ruhm, Macht und Geld beginnt. Ein berühmter Name, Wohlstand und Einfluß sind künstliche Aufmerksamkeitspartikel.

Ausgehungert nach Aufmerksamkeit beginnt man, eine Menge von anderen zu borgen, um die eigenen Schöpfungen aufrechterhalten zu können. An die Stelle des arglosen, selbstlosen, eng mit dem Ursprung verbundenen „Ich" tritt die Ego-Identität. Da dieses Ego Gedanken und Emotionen einsetzt, um Aufmerksamkeit auf sich zu ziehen, ist die Aufmerksamkeit, die es empfängt, ebenfalls mit Gedanken und Emotionen vermischt – mehr Teilchen als Wellen.

Da die Ego-Identität Aufmerksamkeitspartikel anzieht, verhärtet sie sich immer mehr. Sie berechnet, wie sie den maximalen Aufmerksamkeitsvorteil aus ihrer Teilchensammlung ziehen kann. Ist es ihr aus irgendeinem Grunde nicht möglich, von anderen Aufmerksamkeit anzuziehen, beginnt sie, sich diese vorzustellen. Die Vorstellungskraft ist eine zwischen Identität und reinem, ursprünglichem Gewahrsein geschaltete Umleitung. Identität kann einen ununterbrochenen Fluß der Aufmerksamkeit aufrechterhalten, indem sie sich vorstellt, wie fasziniert andere von ihren Errungenschaften sein würden, wenn sie nur davon wüßten und anwesend wären. Viele Menschen vom Typ „einsamer Wolf" erhalten ihre geistigen Schöpfungen in der Tat aufrecht, indem sie Aufmerksamkeit durch imaginäre Gestalten beziehen, beispielsweise Comic-Heft-Helden, Science-Fiction-Helden, verstorbene Angehörige, verstorbene Haustiere, besiegte Feinde usw.

Kann Aufmerksamkeit innerlich nicht aufrechterhalten oder über Vorstellungsbilder bezogen werden, wird sie von der Außenwelt eingefordert. Dies ist die Triebfeder für vorsätzliches antisoziales Verhalten. Kriminelle verlangen nach Aufmerksamkeitspartikeln. Wenn sich die Aufmerksamkeit ihrer Opfer erschöpft hat, sabotieren sie sich selbst, um die Aufmerksamkeit von Polizisten, Reportern und Richtern zu bekommen, bis sie gefaßt werden. Ohne diesen psychischen Mechanismus wäre die Aufklärungsquote bei Verbrechen wesentlich niedriger. (Ironischerweise wird es umso mehr Kriminelle geben, je mehr Aufmerksamkeit dem Verbrechen gewidmet wird. Wählen Sie den ersten Politiker, der dies wirklich versteht.)

Läßt man einmal Geistesgestörtheit am einen und selbstloses, altruistisches Verhalten am anderen Ende der Skala außer acht, so wird man feststellen, daß es im gesamten mittleren Bereich stets auf die eine oder andere Weise um das Erlangen von Aufmerksamkeit geht. Der einzige Sinn und Zweck des Egos besteht darin, versteckt oder offen die Aufmerksamkeit anderer zu erlangen. Gelingt es ihm nicht, diese auf sich zu ziehen, beginnt es, sie sich vorzustellen. Und wenn ihm das nicht gelingt, beginnt es, sie einzufordern. Das ist das verworrene Spiel des Lebens: emotionale Egos in ständiger Konkurrenz, in Phantasien gefangen oder in Konflikten verstrickt – maskierte Identitäten, die um Aufmerksamkeit ringen.

Avatar

ÜBUNG 13

Den Fluß der Aufmerksamkeit wiederherstellen

Ziel: Sammeln der Aufmerksamkeit

Erwartete Resultate: Einsichten, gesteigertes Wohlbefinden, Wiedererlangen der Selbstbestimmung.

Form: Die Silhouette, der Umriß oder die Gestalt von etwas; die reine Struktur ohne Farbe, Material usw.

Anleitung

Mache einen Spaziergang und zähle Formen, bis das Denken in den Hintergrund tritt oder völlig zum Stillstand kommt und die Welt leuchtender erscheint.

Beispiel: Ein Auto anschauen, eins; ein Blatt anschauen, zwei; ein Gebäude anschauen, drei; usw.

Frage 14

Welche Verbindung besteht zwischen Zufriedenheit und Aufmerksamkeit?

AUFMERKSAMKEIT UND KÖRPER

Der Körper ist eine Schöpfung, und wie jede andere Schöpfung benötigt er Aufmerksamkeit, um weiter bestehen zu können. Diese kann er von äußeren Quellen, anderen Lebensformen, ja sogar Bakterien und Viren beziehen, oder sie kann ihm über seine Verbindung mit den ihm innewohnenden geistigen Kräften zuteil werden.

Wenn der Körper keine nährende Aufmerksamkeit erhält, wird er auf selbstzerstörerische Weise nach Aufmerksamkeit verlangen, und sein allgemeines Wohlergehen wird darunter leiden. Je reiner die Qualität der Aufmerksamkeit (mitfühlend, verantwortungsvoll, nicht urteilend), desto gesünder ist sie für den Körper. Gibt man einem Körper (dem eigenen oder dem eines anderen) die Aufmerksamkeit, die er braucht – beispielsweise durch sanftes Massieren, Berühren, Pflegen usw. – so wird dadurch die Gesundheit wiederhergestellt. Ist die Aufmerksamkeit jedoch mit Kritik (Denken) oder sinnlichem Begehren (Emotion) vermischt, so kann sie sich schädlich auswirken.

Aufmerksamkeit allein kann keine fachkundige medizinische Behandlung ersetzen, aber umgekehrt ist auch medizinische Behandlung ohne Aufmerksamkeit selten erfolgreich. Die ermutigenden Worte des Arztes sind oft genauso wirkungsvoll wie die verschriebene Medizin.

Wenn man sich von einer körperlichen Sucht wie Drogenkonsum, Rauchen, Trinken usw. befreien will, kann man den Körper mit Hilfe der folgenden Übung von seiner Abhängigkeit von chemischer Aufmerksamkeit befreien.

Avatar ÜBUNG 14

Das Tier hegen

Ziel: Den Hunger des Körpers nach Aufmerksamkeit stillen.

Erwartete Resultate: Gesteigertes Wohlbefinden, Entspannung, Verbesserung des Gesundheitszustandes.

Anleitung

Lege in einer geschützten und angenehmen Umgebung deine Kleider ab und konzentriere deine Aufmerksamkeit für eine Viertelstunde auf deinen Körper. Tätschle und streichle ihn, sprich mit ihm, behandle ihn wie ein wertvolles Haustier. Die Atmosphäre sei nährend und hegend, nicht sexuell. Sei liebevoll und nachsichtig. Nimm alles, was du als körperlichen Mangel empfindest, mit dem gleichen Mitgefühl und Verständnis an, wie du es bei einem anderen Menschen mit einem solchen Mangel tun würdest. Lasse jegliche Kritik oder Schuldgefühle beiseite. Wenn du möchtest, kannst du eine Moorpackung oder ein leichtes Körperöl auf die Haut auftragen.

Frage 15

Welche Verbindung besteht zwischen Gewohnheiten und Aufmerksamkeit?

INTEGRITÄT

TEIL III

- Übungen, die du allein durchführen kannst.

- Übungen, die mit einem Partner ausgeführt werden können.

- Übungen für die Arbeit in der Gruppe.

- Fragen zum Nachdenken oder für Gruppendiskussionen.

Siehe auch Seiten 90 - 96
des Buches
Die Kunst befreit zu leben

AUTHENTISCH WERDEN

Jeder von uns wird mit einem göttlichen Funken in seinem Inneren geboren. Wenn dieser Funke hell leuchtet, erleben wir unsere besten und vortrefflichsten Seiten. Wir kooperieren und verhalten uns anderen gegenüber authentisch. In Krisenzeiten tun wir dies instinktiv, aber wir können einen solchen Zustand auch absichtlich und bewußt entstehen lassen, um etwas Großes oder Bedeutungsvolles zu schaffen.

Andererseits kann es aber auch geschehen, daß der Funke fast erlischt. Dann fühlen wir uns von allem getrennt, und unsere egoistischen und habgierigen Seiten treten in den Vordergrund. In unseren Beziehungen tragen wir Masken, Authentizität wird dann durch Höflichkeitsrituale ersetzt. Konflikte, Streitigkeiten, Angst und Mißtrauen bestimmen unseren Alltag.

Was läßt unseren göttlichen Funken auf der einen Seite hell leuchten und sein Licht und seinen Segen mit anderen göttlichen Funken teilen oder beim Fehlen schwächer und schwächer werden, bis er fast erlischt? Ehrlichkeit! Ehrlichkeit ist das Maß unserer Bereitschaft, anderen unsere Handlungen, Gedanken, Gefühle und Absichten offenzulegen. Alles, was dazu beiträgt, diese Bereitschaft zu verringern, entfernt uns weiter vom Ursprung.

Wenn wir unehrlich sind, projizieren wir alle Handlungen, Gedanken, Gefühle und Absichten, die wir verbergen wollen, auf unsere Mitmenschen. Sie, die anderen, werden zu den Betrügern, Schwindlern, Räubern, Lügnern oder Feiglingen, die wir in unserem eigenen Innern nicht sehen wollen. Wir leugnen unsere dunkelsten Seiten, indem wir sie in die Welt hinausprojizieren, wo irgendein gebrochener, verzweifelt nach Aufmerksamkeit hungernder Mensch

Ehrlichkeit hat etwas mit Ehre zu tun; man hat ehrbare Gefühle, Motive oder Prinzipien, ist frei von Betrugsabsichten oder Heuchelei; wahrhaftig, redlich, rechtschaffen oder gerecht in Rede und Handlung; fair im Umgang mit anderen und aufrichtig in seinen Äußerungen; vertrauenswürdig.

integrieren: Etwas zusammenfügen, zu einem Ganzen werden lassen.

Integrität: Unbeeinträchtigter Zustand; Ganzheit, Vollständigkeit, Reinheit, Vollkommenheit.

unehrlich: Die Neigung, andere zu täuschen oder zu betrügen.

desintegrieren: In Einzelteile zerlegen; auf Bruchstücke reduzieren; den Zusammenhalt aufbrechen oder zerstören; Seelen können desintegrieren, das heißt ihre Verbindung durch einen Mangel an Ehrgefühl verlieren.

Ehre: Respekt, der mit einer gewissen Hochachtung einhergeht; etwas aufgrund seines Wertes schätzen.

unser Geheimnis durchspielt. Dann zeigen wir mit Fingern auf ihn und waschen unsere Hände in Unschuld. Wir projizieren unsere versteckte Unehrlichkeit in die Welt, und sie kehrt durch die Handlungen von Fremden zu uns zurück. Die Ursache des gesellschaftlichen Verfalls überall in der Welt ist Selbsttäuschung. Kriminalität und Gewalttätigkeit beginnen dort, wo persönliche Verantwortung verneint wird.

Um zu verhindern, daß unsere Unehrlichkeiten aufgedeckt werden, verschließen wir uns und unterbrechen so die Verbindung zu anderen Wesen. Doch damit trennen wir uns natürlich auch vom Ursprung. An die Stelle von Ehrlichkeit tritt die Maske des Egos. Die Tür ist verschlossen. Der Zeiger an der kosmischen Waage, die verschwendete Leben mißt, klettert nach oben, aber unsere geheimsten Gedanken sind wenigstens in Sicherheit. Doch zu welchem Preis! Als Gefangene unseres eigenen Schattens, unempfänglich für den Schmerz, den wir verursachen, reihen wir uns in die Schlange der gebrochenen Seelen ein. Keine Bestrafung oder Erniedrigung kann schlimmer sein als das Leiden, das wir uns durch Unehrlichkeit selbst erschaffen. Wenn die Welt das nur erkennen könnte!

Aber es gibt Hoffnung. Wenn wir die Maske fallen lassen und wirklich ehrlich werden, beginnt etwas Göttliches in uns zu erwachen und zu wachsen. Durch das aufrichtige Bemühen, den angerichteten Schaden wiedergutzumachen, wird das Gleichgewicht wiederhergestellt. Wir hören auf zu täuschen und beginnen, befreit und bewußt zu leben. Die Befreiung der Aufmerksamkeit, das heißt die Lösung ihrer Fixierung auf unsere dunklen Geheimnisse gibt uns die Macht und die Kraft, Veränderungen zu bewirken und das Leben neu zu gestalten. Gewohnheiten und Süchte, die uns bisher in Hilflosigkeit und Abhängigkeit festhielten, können nun bewältigt werden; Krankheiten und seelische Verletzungen beginnen zu heilen; vertrauensvolle Beziehungen können aufgebaut werden – einfach dadurch, daß wir ehrlich werden.

Die Fähigkeit, Vertrauen ohne Zwang oder Kontrolle anzunehmen und zu würdigen, fördert Selbstachtung.

Avatar ÜBUNG 15

Gang zur Versöhnung

Diese Übung setzt einen erstaunlichen, wunderbaren Prozeß in Gang. Sie wirkt am besten, wenn man sie auf einem Bergpfad, einem Waldweg oder in einem Treppenhaus mit vielen Stufen ausführt. Aber man kann sie praktisch überall absolvieren, vorausgesetzt, jeder Schritt geschieht bewußt und ist von dem vorgeschriebenen Geständnis begleitet. Sie kann sich auf deine allgemeine Lebenssituation oder auf ein bestimmtes Ereignis oder eine bestimmte Person beziehen.

Ziel: Seelische Erschütterungen und leidvolle Erfahrungen wiederzuerleben.

Erwartete Resultate: Die Befreiung von feindseligen Gefühlen, psychischen Leiden und Opferhaltung. Neues Leben.

Anleitung

1. Zu Beginn der Übung wählst du eine Richtung und einen Zielort.
2. Bei jedem Schritt auf dein Ziel hin, bezeichne leise eine Handlung, die du getan, einen Gedanken oder eine Absicht, die du gehabt hast, die von Angst oder Ärger motiviert waren. (Auch solche, über die du nicht gern sprichst, für die du dich schuldig fühlst, sowie Handlungen, für die du eine rechtfertigende Überzeugung hast oder die du glaubst erklären zu müssen. Sprich auch Situationen an, in denen du nicht gehandelt hast, obwohl du hättest handeln sollen.
3. An deinem Ziel angekommen, denke über *Zeitspannen* nach.
4. Bei jedem Schritt auf deinem Rückweg denke an einen bestimmten Menschen und flüstere die Segensworte: „Ich wünsche dir Glück und Wohlergehen."
5. Laß nun alle Gedanken an die Vergangenheit los und sei im Hier und Jetzt. Genieße alle Sinneseindrücke des gegenwärtigen Augenblicks – alles, was du in diesem Augenblick siehst, hörst und empfindest, mit Anerkennung und Wertschätzung.

Versöhnung: Ein in engen Grenzen gefangenes Bewußtsein wieder mit seiner Quelle in Einklang bringen.

Segnen: Jemandem Glück und Wohlergehen wünschen.

Heucheln: Sich der eigenen inneren Überzeugung widersetzen.

Variationen für den Weg zur Versöhnung

Zum Befreien von Selbstverachtung oder Selbstverleugnung:

- Führe Teil 2 der Übung mit "selbstkritischen Äußerungen" und Teil 4 mit "Ich bin glücklich, und mir geht es gut" durch.
- Danach führe Teil 2 mit "Kritik am anderen" und Teil 4 mit "Alles in Ordnung" durch.

Zum Befreien von Ängsten oder Sorgen:

- Führe Teil 2 mit der Vorstellung von etwas Schlimmerem (als deine Angst oder Sorge) durch und Punkt 4. mit „Ich bin dankbar für ..."

Für Zeiten, in denen größere Änderungen in deinem Leben bevorstehen (oder du dich anschickst, eine größere Änderung vorzunehmen):

- Führe Teil 2 durch mit etwas, das du geheimhalten wolltest, und Punkt 4. mit etwas, das du enthüllen kannst.

Avatar ÜBUNG 16

Signale der Selbsttäuschung

Ziel: Die Signale der Selbsttäuschung erkennen lernen.

Erwartete Resultate: Einsichten, gesteigertes Wohlbefinden, das Wiedererlangen der Fähigkeit zur Selbstbestimmung.

Anleitung:

A. Nenne drei Fehler, die du häufig bei anderen beobachtest.

1. __________

2. __________

3. __________

Frage 16

Könnte es sein, daß du dich manchmal weigerst, diese Fehler bei dir selbst zu erkennen?

B. Nenne drei Dinge, die du tust (oder getan hast), damit andere ein bestimmtes Bild von dir haben.

1. __________

2. __________

3. __________

Frage 17

Welche Überzeugungen lassen dich daran zweifeln, so zu sein?

C. Nenne drei Konflikte, in die du gegenwärtig verstrickt bist.

1. ____________________

2. ____________________

3. ____________________

Frage 18

Welche Überzeugungen veranlaßten dich, die Umstände dieser Konflikte zu erschaffen?

D. Nenne drei Personen (oder Gruppen, Organisationen, Länder usw.), von denen du dich im Stich gelassen fühlst.

1. ____________________

2. ____________________

3. ____________________

Frage 19

Welche Überzeugungen hindern dich daran, ihnen zu vergeben?

E. Nenne drei Erfahrungen, die sich in deinem Leben häufig zu wiederholen scheinen.

1. ____________________

2. ____________________

3. ____________________

Frage 20

Welche Überzeugungen muß jemand verinnerlicht haben, um solche Erfahrungen zu erschaffen?

Wahrheit ist die Übereinstimmung zwischen dem, was man erschafft, und dem, was man erfährt.

Eine Lüge ist der Versuch, etwas anderes zu erfahren als das, was man erschafft.

Wahrheit ist der Standpunkt des Ursprungs.

Eine Lüge ist im Grunde ein Unterhaltungsmanöver.

Hier ein Weckruf: Versuche in diesem Augenblick genau das zu erschaffen, was du in diesem Augenblick erfährst.

Avatar-Lektionen für eine bessere Welt

1. Wenn ich schnell die Fehler bei anderen finde, habe ich versäumt, mich selbst zu verbessern.
2. Wenn mein Handeln darauf ausgerichtet ist, andere zu überzeugen, zweifle ich an mir selbst.
3. Wenn ich mit der Welt im Kampf liege, verleugne ich die Verantwortung für meine eigenen Schöpfungen.
4. Wenn ich mich isoliert und einsam fühle, habe ich versäumt, zu vergeben.
5. Wenn sich bestimmte Ereignisse in meinem Leben wiederholen, habe ich eine Lektion zu lernen.

Ich kann lernen, meine Selbsttäuschungen wach und bewußt wahrzunehmen. Ich kann lernen, die Signale zu erkennen, die mir anzeigen, daß ich meine Integrität verliere.

Avatar ÜBUNG 17

Mitgefühlsübung

Wenn ich ehrlich zu mir selbst bin, beginne ich, Mitgefühl für andere zu empfinden. Ehrlichkeit zu sich selbst führt zu Mitgefühl für andere.

Ziel: Das Mitgefühl in der Welt zu vermehren.

Erwartete Resultate: Ein Gefühl des inneren Friedens.

Anleitung

Diese Übung kann man überall ausführen, wo viele Menschen zusammenkommen (Flughäfen, Einkaufszentren, Parks, Strände usw.). Man führt die Übung mit fremden Menschen unaufdringlich aus einiger Entfernung durch. Versuche, alle fünf Schritte mit der gleichen Person zu vollziehen.

Schritt 1: Richte deine Aufmerksamkeit auf eine bestimmte Person und sage zu dir selbst: „Genau wie ich strebt dieser Mensch nach Glück im Leben."

Schritt 2: Bleibe mit deiner Aufmerksamkeit bei dieser Person und sage zu dir selbst: „Genau wie ich versucht dieser Mensch, im Leben Leid zu vermeiden."

Schritt 3: Bleibe mit deiner Aufmerksamkeit bei dieser Person und sage zu dir selbst: „Genau wie ich hat dieser Mensch schon Trauer, Einsamkeit und Verzweiflung erfahren."

Schritt 4: Bleibe mit deiner Aufmerksamkeit bei dieser Person und sage zu dir selbst: „Genau wie ich versucht dieser Mensch, die eigenen Bedürfnisse zu erfüllen."

Schritt 5: Bleibe mit deiner Aufmerksamkeit bei dieser Person und sage zu dir selbst: „Genau wie ich lernt dieser Mensch über das Leben.

Liebe ist Ausdruck der Bereitschaft, einen Raum zu schaffen, in dem sich etwas verändern darf.

Abwandlungen der oben beschriebenen Übung:

1. Die Übung kann auch von Paaren oder Familienmitgliedern durchgeführt werden, um das gegenseitige Verstehen zu fördern.
2. Die Übung kann auch mit Gegnern oder Feinden aus der Vergangenheit, an die man noch denkt, durchgeführt werden.
3. Die Übung kann auch mit fremden Lebensformen ausgeführt werden.

Ehrlichkeit mir selbst und anderen gegenüber muß da beginnen, wo ich jetzt stehe.

Ich entscheide mich dafür, alles daranzusetzen, weniger zu betrügen, im Umgang mit anderen fairer zu sein, aufrichtiger in meinen Worten, vertrauenswürdiger und VERGEBUNGSVOLLER zu werden.

Ich kann mein Lebensschiff selbst steuern. Ich muß es tun! Denn wenn ich nicht Meister meines Lebens bin, werde ich niemals in einer Welt leben, die echte Integrität widerspiegelt.

Niemand sonst kann die Welt ehrlich machen.

PERSPEKTIVE

Die Belohnung für Erfahrung ist Weitsicht; alles andere ist Information.

Die einfachste Möglichkeit, etwas zu verändern, besteht darin, den eigenen Standpunkt zu ändern. Dadurch verändert sich zwar nicht immer etwas in der Welt, aber es versetzt dich in die optimale Ausgangsposition, falls du etwas in der Welt verändern willst.

• • •

Aus der ewigen Stille des Ursprungs erschafft man einen Augenblick der Existenz nach dem anderen: wie er war, wie er ist, wie er sein wird. Alle Freuden, alle Leiden, alle Möglichkeiten und alle Begrenzungen manifestieren sich aus dieser Stille, hier und jetzt. Zu verstehen, daß du der Punkt bist, an dem alle Realitäten zusammenströmen, ist wahre Weitsicht.

ÜBUNG 18

Standpunkte

Ziel: Befreiung der Aufmerksamkeit.

Erwartete Resultate: Mehr innere Ruhe, erweiterte Perspektive.

Anleitung

Gehe eine halbe Stunde lang spazieren. Nimm auf deinem Spaziergang abwechselnd etwas Kleines und etwas Großes, etwas weit Entferntes und etwas Nahes wahr.

Schreibe alle Einsichten nieder, die du auf deinem Spaziergang gewonnen hast.

Standpunkt: Eine Position, von der aus etwas betrachtet wird.

Gesichtspunkt: Eine Definition, aus der etwas betrachtet wird.

Gewahrsein: Eine höhere Ebene jenseits von allem, von wo aus alles betrachtet wird.

ÜBUNG 19

Dieses und jenes

Ziel: zeigen, was das Ändern des Standpunktes bewirkt.

Erwartetes Resultat: Einsichten, Zunahme des Verantwortungsgefühls.

Anleitung 1

Wähle ein bestimmtes Objekt aus und betrachte es als „dieser/ diese/dieses ...".

Wähle ein bestimmtes Objekt aus und betrachte es als „jener/ jene/ jenes ...".

Wiederhole das mit großen und kleinen, weit entfernten und nahen Objekten, bis du Vertrauen in deine Fähigkeit, alles zu diesem oder jenem zu machen, gewonnen hast.

Abwandlung der „Dieses-und-Jenes"-Übung: Arbeite die Liste noch einmal durch, indem du zuerst denkst:
„Ich habe (ein/e/en) . . ."
Und dann:
„Ich bin (der/die/das) . . ."

Anleitung 2

Erschaffe alle unten genannten Dinge zuerst als „dieser/ dieses/ diese (Sache)" und dann als „jener/ jenes/ jene (selbe Sache)":

(Auf deine Antworten bezogen)	(Auf folgende Phänomene bezogen)
Dein Name	Körper
Ein Schmerz	Geist
Eine Verletzung	Selbst
Eine Behinderung	Realität
Ein Land	Wahrheit
	Jetzt
	Hier
	Zeit
	Welt
	Universum

ÜBUNG 20

Überzeugung

Wie stark eine Überzeugung die Realität beeinflußt, hängt von dem Grad der Gewißheit ab, mit der man dieser Überzeugung anhängt. Überzeugung bzw. Gewißheit impliziert, daß Zweifel überwunden wurden.

Ziel: Aufzeigen, wie unterschiedlich der Einfluß verschiedener Überzeugungen sein kann.

Erwartetes Resultat: Einblick in die Methode der Indoktrination.

Anleitung

Erstelle deine eigene Skala der Gewißheit, die von „äußerst zweifelhaft" am unteren Ende bis „absolut wahr" am oberen Ende reicht.

Notiere auch in jeder Stufe deiner Gewißheitsskala mindestens eine deiner Überzeugungen, die mit diesem Grad an Überzeugtheit übereinstimmt.

Frage 21

Wodurch wird der Gewißheitsgrad einer Überzeugung verändert?

absolut wahr

äußerst zweifelhaft

DU

TEIL IV

- Übungen, die du allein durchführen kannst.

- Übungen, die mit einem Partner ausgeführt werden können.

- Übungen für die Arbeit in der Gruppe.

- Fragen zum Nachdenken oder für Gruppendiskussionen.

Überzeugungen

Denke über folgende Frage nach: „Werden meine Überzeugungen durch meine Erfahrungen geprägt, oder erfahre ich meine Überzeugungen?"

Wenn wir jene Überzeugungen betrachten, die wir aufgrund unserer Erfahrungen mit dem Universum bilden (weil dies oder jenes so und so ist, glaube ich dies oder jenes), stellen wir fest, daß es hier ums Überleben geht. Wir sprechen von unserer Fähigkeit, uns an die Dinge, wie sie nun einmal sind, anzupassen: Eine defensive Lebensweise.

Doch das führt uns zu einer weiteren Frage: Wer schuf die Dinge, so wie sie sind? Hier öffnen wir die Bühne für hungrige Götter – Götter, die nichts Besseres zu tun haben als die Menschen zu prüfen, Verführungsgötter, die ihre Fallen mit Versuchungen spicken und Kreaturen erschaffen, die sich im Kampf gegen eben diese Versuchungen aufreiben. Klingt das vernünftig, oder gibt es noch eine andere Möglichkeit? Vielleicht erschaffen *wir* die Dinge, so wie sie sind, steigen in unsere eigenen Schöpfungen hinab und vergessen dann den Weg zurück nach Hause.

Die Strafe für das Akzeptieren des Standpunktes, daß unsere Erfahrung mit der Welt der Ursprung unserer Überzeugungen ist, besteht darin, daß wir Kreaturen werden, die in engen Grenzen gefangenen sind und um ihr Überleben kämpfen.

So jagen wir hierhin und dorthin und versuchen herauszufinden, welche Konsequenzen uns umbringen würden und was wir tun können, um noch eine Weile länger zu überleben. Und dann spaziert ohne Vorwarnung ein Bodhisattva, ein Avatar, in unser

Nie gab es etwas außerhalb von dir, und nie wird dem so sein. Das Unendliche offenbart sich – ein Freudenfest, wenn du entdeckst: Du bist Das Eine.

Leben und gestaltet die Realität neu, durch so tiefes und reines Vertrauen, daß in unserem tiefsten Inneren, irgendwo jenseits von dem, wer wir zu sein glauben, ein neues „Ich" erwacht.

Von diesem Raum aus betrachtet, sehen die Dinge anders aus – klarer, weniger bedrohlich. Wir werden von Opfern zu Forschern, beginnen Verbindungen herzustellen, Muster zu erkennen.

Werden meine Erfahrungen von dem, was ich glaube, beeinflußt? Anfangs stehen die Leute solchen Fragen skeptisch gegenüber. Denn solche Fragen mischen die Karten irgenwie neu. Es scheint zu einfach zu sein. Und dann bringt ihre Neugier sie dazu, ein wenig näher hinzuschauen.

Ja, der Glaube an bestimmte Dinge schafft Normen, anhand derer wir unsere Erfahrungen auswerten. Das ist wahr, man glaubt an bestimmte moralische Werte. Dies ist gut, jenes schlecht. Und ja – manchmal ändern sich moralische Werte, und es besteht die Möglichkeit, daß Menschen dann Dinge genießen könnten, die sie jetzt nicht genießen.

Das ist natürlich nur müßige Spekulation, aber es scheint, daß die Art und Weise, wie wir das Universum erfahren, ebensoviel mit dem, was wir glauben, zu tun hat, wie damit, was tatsächlich geschieht.

Du erfährst, was du glaubst, es sei denn, du glaubst das nicht. In diesem Fall erfährst du es nicht, was bedeutet, daß du es bereits erfahren hast.

Avatar ÜBUNG 21

Der Umgang mit Überzeugungen

Ziel: Festzustellen, ob deine Überzeugungen hilfreich oder schädlich sind.

Erwartete Resultate: Einsichten, Neugestaltung der persönlichen Realität

Anleitung

Notiere drei Dinge, die du von dir selbst glaubst.

1. ____________________
2. ____________________
3. ____________________

Nenne drei Überzeugungen, die du in bezug auf Beziehungen hast.

1. ____________________
2. ____________________
3. ____________________

Nenne drei Überzeugungen, die du in bezug auf Geld hast.

1. ____________________
2. ____________________
3. ____________________

Nenne drei Überzeugungen, die du in bezug auf Regierungen hast.

1. ____________________
2. ____________________
3. ____________________

Nenne drei Überzeugungen, die du in bezug auf Arbeit hast.

1. __________
2. __________
3. __________

Nenne drei Überzeugungen, die du in bezug auf deine Fähigkeiten hast.

1. __________
2. __________
3. __________

Nenne drei Überzeugungen, die du in bezug auf deine Gesundheit hast.

1. __________
2. __________
3. __________

Nenne drei Überzeugungen, die du in bezug auf deine Familie hast.

1. __________
2. __________
3. __________

Nenne drei Überzeugungen, die du in bezug auf die Zukunft hast.

1. __________
2. __________
3. __________

a. Notiere hinter jeder Überzeugung, ob du sie als hilfreich (H) oder behindernd (B) erfährst.

b. Notiere hinter jeder Überzeugung, in welchem Maß du von ihr überzeugt bist (nach der von dir in Übung 21 erstellten Skala).

c. Notiere schließlich hinter jeder Überzeugung, ob du sie aus freien Stücken (FREI) oder durch Indoktrination (IND) angenommen hast.

Welche Schlüsse ziehst du aus der obenstehenden Übung?

Avatar ÜBUNG 22

Überzeugung und Indoktrination

Standpunkte setzen sich aus Überzeugungen zusammen. Es ist einfacher zu beobachten, was Menschen glauben, als es sich von ihnen erzählen zu lassen. Menschen, die behaupten, etwas Bestimmtes zu glauben und dennoch etwas Anderes erfahren, sprechen im allgemeinen davon, was sie ihrer Meinung nach glauben sollten und nicht von dem, was sie tatsächlich glauben.

Ziel: Erforschung der Ursache-und-Wirkung-Beziehung zwischen Überzeugungen und Erfahrungen.

Erwartete Resultate: Einsichten, Stärkung des persönlichen Verantwortungsgefühls.

Anleitung

Schreibe auf, was jemand anderes glauben sollte.

1. ______
2. ______
3. ______
4. ______
5. ______
6. ______

Frage 22

In welcher Beziehung steht das, was du selbst glaubst, zu dem, was andere deiner Meinung nach glauben sollten?

Transparente Überzeugungen

Eine Überzeugung ist „transparent", wenn du aus ihr heraus handelst, ohne sie zu bemerken. Transparente Überzeugungen sind selten hilfreich, sondern können tatsächlich verhängnisvoll schwächend wirken. Die meisten von ihnen führen zu Selbstsabotage und wurden zu einer Zeit angenommen, in der man nicht vernunftgemäß denken konnte.

Der erste Eindruck, den man von einer transparenten Überzeugung hat, ist ihre unumstößliche Richtigkeit. So ist das Leben eben! So bin ich nun einmal! Hier ist der Beweis! Dann geschieht etwas Lustiges: Du entdeckst, daß der Beweis für die Richtigkeit einer bestimmten Überzeugung von dieser Überzeugung selbst hergestellt wird. Ein Muster entfaltet sich.

Transparente Überzeugungen können aufgedeckt werden, indem man sich selbst dazu bringt, sie auszudrücken und dann einen Schritt zurücktritt, um das, was man gesagt hat, genauer zu betrachten. Transparente Überzeugungen verbergen sich oft hinter dem Wunsch, recht zu haben; deshalb erfordert das Aufdecken solcher Überzeugungen ein gewisses Maß an Offenheit und Verletzbarkeit.

Ziel: Transparente Überzeugungen aufdecken.

Erwartete Resultate: Einsichten, persönliche Transformation.

Anleitung

Das Aufdecken transparenter Überzeugungen macht man entweder mit einem Partner oder einer Gruppe. Diese Übung kann beliebig oft wiederholt werden.

Schritt 1

Der Partner oder Gruppenleiter fragt: „Was würdest du gerne ändern?", bis eine bestimmte Situation gefunden ist.

Schritt 2

Nachdem die Situation auf den Punkt gebracht wurde, forscht der Partner oder der Gruppenleiter nach

- den Überzeugungen, die die betreffende Situation geschaffen haben,
- den Erfahrungen, die diese Überzeugungen stärken, d.h. die Gewißheit für die Überzeugungen schaffen,

indem er fragt:

(a) Welche Überzeugung könnte jemand haben, um (diese Situation) zu erfahren?

(b) Wie kannst du beweisen, daß diese Überzeugung wahr ist?

(c) Welche andere Überzeugung könnte jemand haben, um (diese Situation) zu erfahren?

(d) Wie kannst du beweisen, daß diese Überzeugung wahr ist?

(c) und (d) werden abwechselnd wiederholt, bis der/ die Lernende sich der Hintergründe bewußt wird und eine Erkenntnis gewonnen hat.

Ein Beispiel für die Arbeit an transparenten Überzeugungen

LEITER	**Schüler/in**
Was würdest du gerne ändern?	Meine Angst davor, mit Menschen zu reden, die ich nicht kenne.
(a) Welche Überzeugung könnte jemand haben, der Angst hat, mit ihm unbekannten Menschen zu reden?	Die Leute könnten etwas Schlimmes sagen.
(b) Wie kannst du beweisen, daß diese Überzeugung wahr ist?	Ich habe Beispiele dafür. Ich habe das schon erlebt. Ich habe es getan.
(a) Welche andere Überzeugung könnte jemand haben, um sich vor Gesprächen mit mit ihm unbekannten Menschen zu fürchten?	Ich könnte etwas Dummes sagen.
(b) Wie kannst du beweisen, daß diese Überzeugung wahr ist?	Ich habe einmal etwas wirklich Dummes zur Frau meines Freundes gesagt.
(a) Welche weitere Überzeugung könnte jemand haben, der sich vor Gesprächen mit ihm unbekannten Menschen fürchtet?	Sprich nicht mit Fremden. Das ist ein guter Rat für Kinder. Aha! Mir ist gerade etwas bewußt geworden. Es ist nicht so, daß ich nicht mit ihnen spreche, weil ich sie nicht kenne. Es ist, weil sie mich nicht kennen. Ich bin der Fremde. Die Überzeugung lautet: Fremde sind gefährlich.

(Anmerkung: Manche Sitzungen dauern wesentlich länger als die oben beschriebene.)

Die persönliche Realität eines Menschen spiegelt wider, was dieser Mensch wirklich glaubt – und das stimmt nicht immer mit dem überein, was er/sie zu glauben vorgibt.
Wenn Menschen nicht bewußt handeln, wird ihr Leben von transparenten Überzeugungen beherrscht.

EINIGE WORTE ÜBER ~~GEWAHRSEIN~~ BEWUSSTSEIN

Die Grenzen des Bewußtseins entsprechen der Ausdehnung deiner Aufmerksamkeit in Zeit und Raum.

Manche Identitäten stehen im Widerspruch zueinander, andere verstärken sich gegenseitig.

Sobald wir über Gewahrsein sprechen, wird es zu Bewußtsein, und wenn wir über Bewußtsein sprechen, nehmen wir einen Standpunkt ein, der, wenn er sich festigt, Teil einer Identität wird.

Um alles noch ein wenig verwirrender zu machen, antworten alle – Gewahrsein, Bewußtsein, Standpunkt oder Identität – auf „du" und handeln als „ich".

Das Gewahrsein ist höchst wandlungsfähig. Wie ein Chamäleon paßt es sich jedem beliebigen Glaubenssystem an, das man ihm überstülpt. Je stärker die Überzeugung, desto stärker die Anpassung. Hat man das Gewahrsein erst einmal eingegrenzt, kann man es ausgiebig, mit wissenschaftlicher Akribie, studieren und so eine reale, meßbare Erfahrung erschaffen, doch wird es nie etwas Tiefgründigeres enthüllen als die Tatsache, daß es sich einem ihm übergestülpten Glaubenssystem anpaßt. Etwas als wahr/falsch zu beweisen bedeutet, ins Bewußtsein hinabzusteigen.

Das Mantra des Gewahrseins ist nicht Om – es ist Aaah!

Warum sollten wir das Gewahrsein also nicht mit etwas Interessanterem konfrontieren als nur einer pflichtgetreuen Wiederholung der Vergangenheit? Lebe selbstbestimmt! Es ist kein einfacher Trick, das „Ich" von den Gewohnheiten der Vergangenheit zu befreien, aber glücklicherweise hast du ja Avatar, das dich dabei unterstützt. Am besten fangen wir bei den selbst-definierenden Überzeugungen an. Diese erschaffen Einheiten, die man als *Identitäten* bezeichnet. Identitäten bestimmen, was am bereitwilligsten wahrgenommen und wie es interpretiert wird. Identität ist jenes Phänomen, das transparente Überzeugungen transparent hält.

Die meisten Menschen haben verschiedene Identitäten, die sie wie ihre Kleider von Zeit zu Zeit wechseln. Eine dient dazu, Aufgaben am Arbeitsplatz zu bewältigen, eine andere nimmt man im Umgang mit den Familienmitgliedern an, und eine dritte funktioniert als Schüler oder Student. Manchmal werden die Identitäten absichtlich und bewußt gewechselt – beispielsweise in den Augenblicken, in denen man sich sammelt, bevor man zu einer Verabredung mit einem neuen Freund/einer neuen Freundin oder einem neuen Kunden geht – doch oft wechseln die Identitäten automatisch als Reaktion auf bestimmte Situationen oder Menschen. Gehen wir also gemeinsam auf Entdeckungsreise!

ÜBUNG 24

Definitionen erforschen

Sei im gegenwärtigen Moment;
dann sei der gegenwärtige Moment.
Sei im „Hier";
dann sei das „Hier".

Ziel: Erforschen der Definitionen, die du gegenwärtig dem Gewahrsein überstülpst.

Erwartete Resultate: Einsichten, Befreiung von Fixierungen und festgefügten Vorstellungen und Bedingungen.

Anleitung

Beende die angefangenen Sätze in bezug auf das Stichwort in Klammern.

1. (Gesundheit) Ich bin ... __________
2. (Nationalität) Ich bin ... __________
3. (Beruf) Ich bin ... __________
4. (Fähigkeit) Ich bin ... __________
5. (Finanzielles) Ich bin ... __________
6. (Größe) Ich bin ... __________
7. (Haltung, Einstellung) Ich bin ... __________
8. (Status) Ich bin ... __________
9. (Ausbildung/Erzieh.) Ich bin ... __________
10. (Ruf) Ich bin ... __________
11. (Sex) Ich bin ... __________
12. (Sexuelle Vorlieben) Ich bin ... __________
13. (Beziehung) Ich bin ... __________
14. (Integrität) Ich bin ... __________

15. (Mut) Ich bin ... ______________________

16. (Ausdauer) Ich bin ... ______________________

17. (Ehrgeiz) Ich bin ... ______________________

18. (Stolz) Ich bin ... ______________________

19. (Sensibilität) Ich bin ... ______________________

20. (Schuld) Ich bin ... ______________________

21. (Loyalität) Ich bin ... ______________________

22. (Verdienste) Ich bin ... ______________________

23. (Glück) Ich bin ... ______________________

24. (Notwendigkeiten) Ich bin ... ______________________

Laß das, was du jetzt bist, nicht dem im Weg stehen, was du werden könntest.

Avatar ÜBUNG 25

Motivation

Es gibt drei Möglichkeiten, sich selbst zu definieren:

1) indem man sich bewußt und selbstbestimmt gestaltet
2) indem man einer gegnerischen Person oder Meinung Widerstand leistet
3) indem man den Erwartungen von jemand anderem gehorcht

Ziel: Aufdecken der hinter verschiedenen Selbstdefinitionen steckenden Motivation(en).

Erwartete Resultate: Einsichten, Befreiung, Neudefinierung.

Anleitung

Erwidere auf alles Folgende spontan. Entscheide zu jeder in Übung 24 abgegebenen Definition, ob sie

1) durch eigenes Erschaffen
2) durch Widerstand
3) durch Anpassung

zustandekam:

1. (Gesundheit) ... ____________________
2. (Nationalität) ... ____________________
3. (Beruf) ... ____________________
4. (Fähigkeit) ... ____________________
5. (Finanzen) ... ____________________
6. (Größe) ... ____________________
7. (Haltung, Einstellung) ... ____________________
8. (Status) ... ____________________
9. (Ausbildung/Erziehung) ... ____________________

10. (Ruf) ...
11. (Sex) ...
12. (Sexuelle Vorlieben) ...
13. (Beziehung) ...
14. (Integrität) ...
15. (Mut) ...
16. (Ausdauer) ...
17. (Ehrgeiz) ...
18. (Stolz) ...
19. (Sensibilität) ...
20. (Schuld) ...
21. (Loyalität) ...
22. (Verdienste) ...
23. (Glück) ...
24. (Notwendigkeiten) ...

(Anmerkung: Teil III der Avatar-Materialien bietet einen umfassenden bewußten Umgang mit Identität und den mit Identitäten verknüpften Zuständen.)

Avatar ÜBUNG 26

Ausdehnungsübung

Wenn ein Mensch aufhört, sich mit einem Ort oder einer Defini tion zu identifizieren und allmählich den Seinszustand eines größeren Ganzen annimmt, bezeichnen wir diesen Prozeß als *Integration*.

Was nimmst du wahr, wenn du das Fleisch deiner Hand spürst? Spürst du jede einzelne der Zellen, die zusammen deine Hand bilden, oder nimmst du die Hand als ganzheitliches Gefühl wahr?

Was würde geschehen, wenn du in der Lage wärst, die Grenzen dessen, was du als dein *Ich* betrachtest, zu verschieben?

Ist deine Haut deine äußerste Grenze? Oder erstreckst du dich darüber hinaus? Was glaubst du?

Ziel: Eine Erfahrung von Ausdehnung und Integration zu vermitteln.

Erwartete Resultate: Einsichten, Aussöhnung.

Anleitung

Es folgt nun eine geleitete Meditation. (Die besten Resultate erzielt man, wenn man zuvor ein paar Minuten die „Dieses-und-Jenes"-Übung von Seite 86 durchführt.)

- Gewinne einen Eindruck von dem Raum, den du einnimmst (Pause).
- Wie weit dehnt er sich aus? (Pause).
- So *mühelos,* wie du kannst, dehne deinen Raum nach allen Richtungen aus (Pause).
- Schließe alles und jeden mit ein (Pause).
- Jetzt gewinne den Eindruck, daß der Raum, den du gerade geschaffen hast, in dir enthalten ist (Pause).
- Fühle, woher du kommst (Pause).

(Wiederhole die gesamte Meditation dreimal.)

Frage 23

Woher kommst du? (Und davor?)

BEFREIT LEBEN

Wische den Staub von deinen Träumen.

Persönliche Ausrichtung bedeutet, mit einem Ziel einverstanden zu sein und auf dieses hinzuarbeiten.

Wenn ein Mensch sich über seine Ziele oder seine Richtung im Unklaren ist, neigt er dazu, auf ziellose, unkoordinierte Art und Weise zu handeln. Er irrt herum, macht einen Schritt vorwärts und einen zurück und steht sich meistens selbst im Weg. Um überhaupt irgendetwas zu erreichen, braucht er ständige Führung von außen: *Hier, tu das. Gehe dorthin.*

Mangelhafte persönliche Ausrichtung wird durch unklare oder sich widersprechende Ziele verursacht.

Die meisten Menschen haben gelernt, daß es wichtig ist, sich Ziele zu setzen, aber nur wenige wissen, daß es *sowohl richtige und falsche Ziele als auch angemessene und unangemessene Methoden der Zielsetzung gibt.*

Manche Menschen verfolgen gleichzeitig mehrere Ziele, die nicht zusammenpassen oder im Widerspruch zueinander stehen. Sie wollen unbedingt ins Kino, aber sie wollen nicht alleine gehen. Sie wollen Beziehungen und Familien haben, aber sie sind nicht bereit, irgendetwas dafür zu opfern. Sie wollen Geld verdienen, aber sie wollen nicht arbeiten. Sie wollen abnehmen, aber sie wollen weiterhin kalorienreich schlemmen. Sie wollen zur Schule gehen, aber sie wollen nicht lernen. Menschen mit mangelnder innerer Ausrichtung schaffen Verwirrung in ihrem Leben, und diese wird schließlich so groß, daß sie überhaupt nichts mehr tun. Mangelnde innere Koordination bringt Mißerfolge und eingeschränkte Leistungen mit sich. Sie beeinträchtigt die Gesundheit und das allgemeine Lebensgefühl.

Ein Avatar-Student sollte seinen Weg in ein selbstbestimmtes Leben damit beginnen, sich Klarheit über seine/ihre Lebensziele zu verschaffen. Diese werden sich im Laufe der persönlichen Weiterentwicklung höchstwahrscheinlich ändern, aber das eigentlich Wertvolle ist die Erfahrung, die man aus dem Setzen und Verfolgen eines Zieles gewinnt.

Man wählt ein Ziel nicht beiläufig oder aus einer Laune heraus. Man tut es *nicht*, indem man eine Münze wirft oder auf eine günstige Wendung der Dinge hofft. Und man tut es *nicht*, um die Erwartungen eines anderen zu erfüllen.

Welche Ziele machen dein Leben lebenswert?

Ein „Für-dich-richtiges-Ziel" (FDR-Ziel) wählst du mit Hilfe deiner Vernunft, die freizügig mit deiner Intuition gewürzt sein sollte. Es ist vernünftig, weil du deutlich spürst, daß du es erreichen kannst, und es ist intuitiv, weil es sich richtig anfühlt. Ein FDR-Ziel löst Begeisterung in dir aus, wenn du daran denkst. Es gibt dir Kraft. Es macht dich lebendig. Es brodelt! Es verleiht dir soviel kreative Energie, wie du zu seinem Erreichen brauchst und noch ein wenig mehr.

Schon die Vorstellung, wie es sich anfühlen würde, dein FDR-Ziel zu erreichen, genügt, um dein Reservoir an Mut und Entschlossenheit anzuzapfen.

Wenn du dich fragst, ob die von dir gewählten Ziele FDR-Ziele sind, dann achte darauf, wie du dich während der Arbeit auf diese Ziele hin fühlst. Alle auf ein FDR-Ziel gerichteten Tätigkeiten machen dir Freude. Du gehst völlig in ihnen auf, du vergißt die Zeit und empfindest die Arbeit als Vergnügen. Die Arbeit an einem FDR-Ziel ist schon eine Belohnung an sich.

Bei der Verfolgung von Zielen, die nicht in die FDR-Kategorie fallen, *mußt* du bestimmte Dinge tun, während du darauf wartest, endlich tun zu können, was du eigentlich tun willst. Die Zeit schleppt sich dahin, die Arbeit ist zermürbend, und man fühlt sich ausgelaugt. Der Lohn für das Verfolgen eines Nicht-FDR- Zieles ist Streß.

Avatar ÜBUNG 27

Ziele setzen

Ziel: Ein Für-dich-richtiges-Ziel bestimmen.

Erwartetes Resultat: Ein selbstbestimmter Lebensplan, den man bewußt verfolgen kann.

Anleitung

Schritt 1

Stelle auf einem leeren Blatt Papier eine Liste von Zielen zusammen. Diese Liste besteht aus Zielen, die du bereits verfolgst und solchen, die du gerne verfolgen würdest. Die folgenden Fragen sind als Anregung gedacht, um dich beim Finden deiner FDR-Ziele zu unterstützen.

1. Was möchtest du im nächsten Jahr erreichen?
2. Was möchtest du am Ende des nächsten Jahres besitzen?
3. Was würdest du am Ende des nächsten Jahres gerne tun?
4. Was begeistert dich am meisten?
5. Was müßtest du werden, damit du tun kannst, was du willst?
6. Wo möchtest du gerne in zwei Jahren sein?
7. Wo möchtest du gerne in fünf Jahren sein?
8. Wo möchtest du gerne in zehn Jahren sein?
9. Wo möchtest du gerne in zwanzig Jahren sein?
10. Wo möchtest du gerne in fünfzig Jahren sein?
11. Wo möchtest du gerne in hundert Jahren sein?
12. Wo möchtest du in gerne tausend Jahren sein?
13. Welche Ziele hast du aufgegeben?
14. Was würdest du wirklich gerne tun?

15. Wenn du von vornherein wüßtest, daß du nicht scheitern könntest, was würdest du dann anpacken?
16. Wann bist du am glücklichsten?
17. Was tun die Menschen, die du am meisten bewunderst?
18. Welche Ziele hattest du, als du jünger warst?
19. Was würdest du gerne einfach aus Spaß an der Freude tun?
20. Für was ist es deiner Meinung nach zu spät?
21. Was würdest du tun, wenn nicht ... im Wege stünde?
22. Was wäre vielleicht nicht unmöglich?

Schritt 2

Bewerte nun die Ziele deiner Liste, die dich am meisten interessieren, anhand der folgenden sieben Kriterien:

Bewertung: von (1) sehr zweifelhaft bis (5) ganz sicher.

1. Das Ziel erweckt deine Aufmerksamkeit und dein Interesse. Wenn du daran denkst, spürst du neue Kräfte in dir.

   1 2 3 4 5

2. Das Verfolgen dieses Zieles an sich ist schon etwas Wertvolles für dich.

   1 2 3 4 5

3. Das Ziel nutzt dir und anderen gleichermaßen.

   1 2 3 4 5

4. Das Ziel bietet dir die Chance zur Selbstentfaltung (mehr Kompetenz, Verständnis, Einsicht oder Verantwortung).

   1 2 3 4 5

5. Das Ziel steht im Einklang mit einem größeren Gruppenziel und mit einem noch weiteren Ziel, das der gesamten Menschheit dient.

   1 2 3 4 5

6. Das Ziel erlaubt persönliche Kreativität und ein gewisses Maß an Selbststeuerung.

   1 2 3 4 5

7. Das Ziel ermöglicht persönliche Anerkennung und eine gewisse Bewunderung anderer.

   1 2 3 4 5

Addiere die Punkte für jedes Ziel (35 Punkte sind ein perfektes Ergebnis).

Liegt ein bestimmtes Ziel zwischen 25 und 35 Punkten, ist es wahrscheinlich ein FDR-Ziel. Wenn du mit mehreren deiner Ziele zwischen 25 und 35 Punkten liegst, solltest du prüfen, ob du dir nicht ein größeres, umfassenderes Ziel setzen kannst, in dem alle deine FDR-Ziele enthalten und miteinander in Einklang sind.

Falls du mit keinem deiner Ziele mehr als 15 bis 25 Punkte erreichst, solltest du versuchen, eines davon so abzuändern, daß eine höhere Punktzahl erreicht wird.

Falls alle deine Ziele unter 15 Punkten liegen, solltest du einen Spaziergang machen und die Übung dann wiederholen.

Sich auf seine Ziele ausrichten

Ziel: Ausrichtung deiner Aufmerksamkeit und Energie auf das von dir angestrebte Ziel.

Erwartetes Resultat: Die Erkenntnis, daß es einen Weg zum Erfolg gibt.

Ausrichtung bedeutet: Die Energien, Vorstellungen oder Absichten auf ein persönliches oder kollektives Ziel hin einzustellen.

Anleitung

Das Bestimmen deines Ziels oder deiner Ziele ist der erste Schritt. Der zweite Schritt besteht darin, dein Leben und dein Handeln auf dein Ziel auszurichten.

Schritt 1

Erstelle eine Liste deiner wöchentlichen Aktivitäten.

Notiere hinter jeder Aktivität, ob sie hilfreich (H) ist oder ob sie dich behindert (B).

Schritt 2

Erstelle eine Liste deiner hauptsächlichen Ausgaben.

Notiere hinter jeder Ausgabe, ob sie hilfreich (H) ist oder ob sie dich behindert (B).

Schritt 3

Erstelle eine Liste deiner Überzeugungen in bezug auf dieses Ziel.

Notiere hinter jeder Überzeugung, ob sie hilfreich (H) ist oder ob sie dich behindert (B).

ÜBUNG 29

Den eigenen Nachruf schreiben

Zwischen den Pforten von Geburt und Tod ist ein Menschenwesen damit beschäftigt, Bewußtsein zu definieren. Es ist anzunehmen, daß das Gewahrsein diese Pforten durchschreitet und beim Verlassen der begrenzenden Hüllen erwacht.

Ziel: Dich daran zu erinnern, was für eine tiefgreifende Erfahrung das Leben ist.

Erwartetes Resultat: Erweiterte Perspektive.

Wenn du verstehst, daß du deine eigene Realität erschaffst, lernst du, sie mit der gleichen Achtung und Hingabe zu erfahren wie die Segnungen eines grenzenlosen Schöpfers.

Anleitung

Schreibe einen ehrlichen Nachruf in Anerkennung deines bisherigen Lebens.

PERSÖNLICHER KURZBERICHT

Der *Kurzbericht* ist eine Technik zur inneren Orientierung. Hier ist es die mündliche oder schriftliche Beantwortung von drei Fragen:

1) Was wolltest du tun (das heißt, was war dein Ziel, deine Mission, deine Absicht)?

2) Was hast du tatsächlich getan?

3) Was geschah wirklich?

Der Wert eines Kurzberichtes liegt darin, daß du deine Absichten und Handlungen klären kannst, ohne daß du auf eine andere Person angewiesen bist, die deine Leistung (Arbeit, Projekte, Aufgabe usw.) beurteilt. Mit dem Bericht stellst du fest, ob eine Übung wirklich korrekt durchgeführt und abgeschlossen wurde, oder ob sie deinen Zielen angemessen war oder nicht. Wenn du mit Hilfe einer bestimmten Übung eine emotionale Blockade auflösen möchtest, du nach der Übung aber tatsächlich weiterhin blockiert bist, hast du diese Übung entweder nicht abgeschlossen oder nicht richtig durchgeführt, oder die Übung eignet sich nicht für das von dir angestrebte Ziel.

Ein Koan zum Gewahrsein: Zwei Dinge, in all ihren Aspekten genau gleich – sind sie nicht das dasselbe?

Falls du allein für Dich mit dem *ReSurfacing-Arbeitsbuch* arbeitest, kannst du feststellen, ob eine Übung für dein Ziel geeignet ist, indem du dir folgende Fragen stellst: Gewinne ich Einsichten? Finden Veränderungen im Emotionalen statt? Ändert sich meine Haltung oder Einstellung? Sehe ich die Dinge aus einem anderen Blickwinkel? Arbeitest du hingegen mit einem Avatar-Master (oder Trainer) zusammen, so weiß er/sie aufgrund deines Kurzberichtes sehr schnell, wo du stehst und welche Fortschritte du bereits gemacht hast.

Avatar ÜBUNG 30

Kurzbericht (Dein Kurzbericht zum Studium des ersten Teils der Avatar-Unterlagen)

Ziel: Die Beantwortung der folgenden Fragen dient *Star's Edge* als Rückmeldung darüber, wie effektiv dieses Arbeitsbuch ist.

Erwartetes Resultat: Freie Aufmerksamkeit.

Anleitung

Was war deine Absicht?

____

____

____

Was hast du tatsächlich getan?

____

____

____

Was geschah wirklich?

____

____

____

Bitte Zutreffendes ankreuzen:

- ◯ Mission erfolgreich beendet
- ◯ Mission unvollständig
- ◯ Aktivitäten unpassend

Bitte schicke oder faxe diesen Bogen an:
Quality Control
Star's Edge International
237 N. Westmonte Drive
Altamonte Springs, FL 32714
USA
Fax 001-407- 788-1052

(freigestellt)

Name

Adresse

Translarischer Epilog

Man kann keine Wahrheit über irgend etwas erkennen,
solange nicht irgend jemand eine erschafft.
Vor oder nach allem ist reines, unbegrenztes Gewahrsein
(reines Sein).

Am Anfang jeglicher Begrenzung – der Schöpfung einer Idee, Form oder eines Ereignisses -- steht stets der reine Glaubensakt (Schöpfung).

Schöpfungen bestehen aus Standpunkt, Begrenzung und Bewegung (Veränderung).

Gewißheit bestimmt die Realität einer Schöpfung (Existenz).

Schöpfungen können Eindrücke hervorrufen, Eindrücke filtern, Früchte tragen oder mit anderen Schöpfungen in Wechselwirkung stehen (Bewußtsein).

Die Schöpfung einer das Selbst definierenden Überzeugung – „Ich bin" – ist der Beginn der Dualität (das Selbst und die Welt).

Innerhalb der definierten Grenzen jedes „Ichs" beginnt die Definition jedes Phänomens – die Schöpfung einer Idee, einer Form oder eines Ereignisses – stets mit einer Überzeugung (Geist).

Innerhalb der definierten Grenzen jedes „Ichs" können
Schöpfungen Eindrücke hervorrufen, Eindrücke filtern,
Früchte tragen oder mit anderen Schöpfungen
in Wechselwirkung stehen
(Denken).

Innerhalb der definierten Grenzen jeder beliebigen Schöpfung
können Schöpfungen Eindrücke hervorrufen,
Eindrücke filtern, Früchte tragen oder mit anderen Schöpfungen
in Wechselwirkung stehen.

Schöpfungen können von ihren Schöpfern verändert werden
(Freier Wille).

Ein neuer Standpunkt verändert den bisherigen Standpunkt
(Erfahrung).

Eine neue Definition verändert die bisherige Definition
(Entscheidung).

Eine neue Bewegung verändert die bisherige Bewegung
(Handlung).

Wahrnehmung beruht auf Eindrücken, die von Schöpfungen
hervorgerufen werden, welche mit anderen
in Wechselwirkung stehen
(Empfindung).

Verstehen ergibt sich aus Überzeugungen, durch die
Wahrnehmungen als bedeutsam erklärt werden
(Wissen).

Heitere Gelassenheit entsteht, wenn man die eigene Auslegung der Wahrnehmung wertschätzt und die Tatsache wiederentdeckt, daß man für seine Schöpfungen selbst verantwortlich ist (Weisheit).

Kampf ist Widerstand gegen die eigene Auslegung der Wahrnehmung und Ablehnung der Verantwortung für die eigenen Schöpfungen (Vorurteil).

Die Wiederentdeckung der Verantwortung für die ursprüngliche definierende Überzeugung „Ich bin" führt zu unbegrenztem definitionslosem Gewahrsein (Freiheit).

Verleugnung der Verantwortung für die ursprüngliche definierende Überzeugung „Ich bin" führt zu Identität (Verstrickung).

Es gibt keine Wahrheit über irgend etwas zu vergessen, solange jemand nicht eine erschafft.

Die Formel für ein Universum:
Reines Sein * Schöpfung * Veränderung * Existenz * Bewußtsein * Selbst und Welt * Geist * Gedanke * Freier Wille * Erfahrung * Entscheidung * Handlung * Empfindung * Wissen * Weisheit und Vorurteil
= Freiheit und Verstrickung

DER NÄCHSTE SCHRITT

TEIL V

Der Auftrag von Avatar in der Welt ist, wie ein Katalysator einen Prozeß in Gang zu setzen, an dessen Ende die Integration von Glaubenssystemen steht.

Wenn wir erkennen, daß wir uns durch nichts als unsere Überzeugungen voneinander unterscheiden und daß Überzeugungen ebenso leicht ge- wie ent-schaffen werden können, wird unser Spiel um „richtig“ und „falsch“ allmählich enden, und wir werden ein Spiel der Zusammenarbeit beginnen, das Frieden in die Welt bringen wird.

DIE TEILE II UND III DES AVATARKURSES

Die Teile II und III des Avatar-Kurses sind weder langwierig noch kompliziert. Dennoch führen sie Techniken ein, die sich in noch viel stärkerem Maße befreiend auf das menschliche Bewußtsein auswirken als die *ReSurfacing*-Übungen. Dein Avatar-Master wird dich anleiten, Sphären zu erforschen, von denen aus du frei und selbstbestimmt sowohl deine persönliche als auch die kollektive Realität verändern kannst. Diese Ausbildung ist ein Durchbruch in der Schöpfung des menschlichen Potentials. Du wirst es erleben! Alle Übungen und Einweisungen werden von Avatar-Mastern beaufsichtigt, die durch *Star's Edge, Inc.* ausgebildet und autorisiert wurden.

Die von einem Avatar-Master gelehrte Wahrheit braucht keinen Namen, denn sie ist nichts Weltliches, sondern ein liebevolles Vorbild der Bereitschaft, Bewußtsein miteinander zu teilen.

Die Unterlagen und Materialien zu *Teil II – Die Kreations-Übungen* und *Teil III – Die Verfahren* sind vertraulich und werden dir vom Avatar-Meister zu Beginn des Trainings ausgehändigt. Sie bleiben Eigentum des Masters und dürfen weder weitergegeben noch verkauft werden. In großen Zentren, wo viele verschiedene Menschen zusammenarbeiten, ist es erforderlich, daß die Kursteilnehmer den Erhalt und die Abgabe der Unterlagen schriftlich bestätigen.

Die Unterlagen für die Teile II und III sind vertraulich, um zu gewährleisten, daß sie systematisch präsentiert und durchgearbeitet werden, denn nur so können die Teilnehmer den vollen Nutzen aus ihnen ziehen. Allein durch Lesen, verstandesmäßiges Aufnehmen oder dadurch, daß man an die Unterlagen glaubt, wird man nicht zum Avatar. Damit die Avatar-Techniken tatsächlich den Weg vom geschriebenen Wort in dein Leben finden, ist die Unterstützung durch einen gut ausgebildeten, disziplinierten Master erforderlich.

Die Teile II und III sind nur wertvoll und nachprüfbar, wenn sie von einem Master vermittelt werden. Richtig präsentiert stimmen sie dich auf deine eigenen einzigartigen Welt-Lektionen ein. Und diese sind es letztlich, die dich zum Avatar machen. Das Leben selbst – bewußt verstanden – ist der Lehrer.

Du bekommst eine persönliche Mappe mit zusätzlichen Unterlagen für deine Notizen, Listen und Zusammenfassungen. Die persönliche Mappe enthält auch eine Kurs-Checkliste mit der Reihenfolge, in der Texte, Übungen und Programme zu bearbeiten sind. Beende jeden Punkt der Checkliste zu deiner Zufriedenheit und zeichne sie dann mit deinen Initialen unter Angabe von Zeit und Datum ab.

Die Checkliste soll dir und deinem Master helfen, auf Kurs zu bleiben. Bereits abgehakte Punkte können von den Teilnehmern wiederholt werden – manchmal werden sie vom Meister auch noch einmal „empfohlen". (Gute Master sind sehr sorgfältig und bestehen hartnäckig und liebevoll darauf, daß du die erwarteten Resultate erzielst.)

Bin ich ....?

Manchmal fragt man sich, ob man auf dem Weg der persönlichen Weiterentwicklung das Ziel schon erreicht und die Ergebnisse, die in den Teilen II und III des Avatar-Kurses angeboten werden, erzielt hat.

Dafür gibt es einen einfachen Test:
Hättest du auch nur den geringsten Widerwillen dagegen, genau das zu erschaffen, was du erfährst?

Wenn du zögerst, mit „nein" zu antworten, liegt noch ein Stück Weg vor dir.

DIE PHILOSOPHIE VON *STAR'S EDGE*

Wenn du davon ausgehst, daß nichts existiert, was nicht Teil von dir ist, daß niemand existiert, der nicht Teil von dir ist, daß jedes Urteil, das du abgibst, ein Selbsturteil ist, daß jegliche Kritik, die du äußerst, Selbstkritik ist, dann wirst du, klugerweise, dir selbst eine bedingungslose Liebe schenken, die das Licht deiner Welt sein wird.

Star's Edge International ist das Unternehmen, welches die Verbreitung und Vermittlung von Avatar organisiert. Es wurde im Jahre 1986 gegründet und hat den Zweck, die mit der Schaffung einer erleuchteten planetarischen Zivilisation in Zusammenhang stehenden weltlichen Angelegenheiten zu regeln.

Manche Leute haben sich gefragt, weshalb *Star's Edge* nicht als allgemeinnützige Institution arbeitet und Avatar nicht auf Spendenbasis anbietet. Sie argumentieren, die Avatar-Unterlagen seien viel zu wichtig, um geistiges Eigentum irgendeiner Einzelperson oder eines Unternehmens zu bleiben. Dieses Argument hat etwas für sich, aber der Irrtum – und der ist fatal – liegt in der Annahme, die gegenwärtig existierende Gesellschaft würde aus eigenem Interesse für die Erhaltung und Verbreitung dieser neuen Technologie sorgen. Die Geschichte zeigt, daß nicht mit Profit verknüpfte Technologien kurzlebig sind.

Wenn man einer bereits bestehenden, festgefügten Zivilisation eine neue Technologie vorstellt, genügt es nicht, sich hinzustellen und zu sagen: „Hier ist sie. Nehmt sie. Gebt mir, was sie eurer Meinung nach wert ist." Jemand muß dafür sorgen, daß die Technologie in ihrer reinen Form präsentiert und nicht an das Glaubenssystem von jemand anderem angepaßt wird, und sie soll auch nicht für die persönlichen Ziele von jemandem eingespannt werden. Jemand muß den Überblick über die vielen Variationen und Entscheidungspunkte behalten, die unweigerlich bei einem Gemeinschaftsprojekt dieser Größenordnung auftauchen. Irgend jemand muß vorausdenken. Irgend jemand muß sich mit persönlichen Interessen auseinandersetzen. Irgend jemand muß Streitigkeiten schlichten und alles im richtigen Gleis halten. Irgend jemand muß die Rechnungen bezahlen.

Richtig gehandhabt beschleunigt Avatar als Katalysator die Schaffung einer erleuchteten globalen Zivilisation, deren Mitglieder verantwortungsvolle Hüter dieses Planeten sein können. Und das ist wichtig. Sehr wichtig!

Beim Avatar-Programm findet ein geradliniger Austausch statt: Ein wertvolles Ausbildungsprogramm gegen wertvolle finanzielle Gegenleistung. Wenn du verstehst, was für eine saubere Sache das ist, wirst du erkennen, wie erfrischend und erfolgsgewiß unser Ansatz zur Schaffung einer erleuchteten planetarischen Zivilisation ist.

Wir sind nicht daran interessiert, eine neue religiöse Sekte oder eine Gemeinschaft von Glaubenseiferern zu gründen, die meinen, die einzige Wahrheit zu besitzen. Wir wollen den Leuten weder ein Glaubenssystem noch eine Reihe von Vereinbarungen vermitteln. Wir haben weder verdeckte Absichten, noch entschuldigen wir uns dafür, wohlhabend und mächtig zu sein. Wer auch immer den Glauben in die Welt setzte, Armut und Dienst an der Welt gehörten untrennbar zusammen, brachte die Menschheit um die Unterstützung einiger der aufgewecktesten Leute, die je gelebt haben.

Es ist unsere Absicht, daß die Menschen, die wir ausbilden und als Trainer des Avatar-Programms autorisieren, Geld (weder Anbetung noch Verehrung noch Bewunderung, sondern ausschließlich bares Geld) für ihre wertvolle Arbeit verlangen und daß sie genug verlangen, um sicherzustellen, daß Avatar sich weiter verbreitet und kompetente Menschen anzieht. Wir wollen ein Beispiel für die Welt geben: *Wohlstand und gute Werke gehören zusammen.*

Richtig präsentiert, ist Avatar das kraftvollste und klarste Programm für persönliche Selbstentwicklung, das gegenwärtig zu irgendeinem Preis zu haben ist. Es liegt in der gemeinsamen Verantwortung von *Star's Edge*, den Avatar-Meistern und jedem Avatar-Schüler, daß dieser Qualitätsstandard gehalten wird. Wir spielen ein großes Spiel.

Jeder zukünftige Avatar-Student kann mit *Star's Edge International* Kontakt aufnehmen (Brief, Fax., Tel.) und sich über den gegenwärtigen Lizensierungsstatus eines jeden Meisters erkundigen.

Innerhalb der Organisation von *Star's Edge* arbeiten wir mit drei Herzen: Dem des Gefährten – einem liebenden Herzen, das sich durch *Teilen, Freundschaft* und *Zusammenarbeit* auszeichnet. Dem des Wegführers – einem fürsorglichen Herzen, das sich durch *Geduld, Mitgefühl* und *Vernunft* auszeichnet. Und dem des Wächters – einem feurigen Herzen, das sich durch *Integrität, Mut* und *Gerechtigkeit* auszeichnet.

Resonanz

Falls das Ziel, eine erleuchtete planetarische Zivilisation zu schaffen, eine Resonanz in dir auslöst und du den Wunsch hast, mit einem Avatar-Master in Kontakt zu treten, nutze bitte die beiliegende Karte oder wende dich unter Angabe deines Namens und deiner Adresse an:

Avatar Network Consultant
Star's Edge International
237 North Westmonte Drive
Altamonte Springs, Florida 32714
Fon 001 407 788-3090
Fax 001 407 788-1052

Weitere Exemplare von
ReSurfacing
oder
Harry Palmers
Die Kunst befreit zu leben
erhalten Sie beim

Context Verlag
Uta Bodewig & Joachim Kamphausen GbR
Postfach 100850
D - 33508 Bielefeld
Fon (49) (0) 521 - 6 71 79
Fax (49) (0) 521 - 6 87 71

DIE AVATAR-MATERIALIEN

Avatarkurs	Voraus-setzungen	Wird ange-boten von	Lehrinhalte	Erwartete Resultate	Dauer / Kosten*
Teil I *Checkliste* oder *ReSurfacing®* *Seminar*	Keine	Jedem zum gegenwärtigen Zeitpunkt autorisierten Avatar-Master	Allgemeine Vorinformationen. Philosophischer Hintergrund von Avatar. Übungen, die tiefere Einsichten vermitteln und eine Verbindung zu höheren Bewußtseinsebenen herstellen sollen.	Klarere Wahrnehmung der persönlichen Realität. Entwickeln der Fähigkeit, im Unbewußten verborgene Überzeugungen und Glaubenssysteme aufzudecken.	Stufe I *Checkliste* DM 135,– SFr 125,– ÖS 1000,– 1 bis 2 Tage *ReSurfacing® Seminar* 2 bis 3 Tage
Teil II *The Exercises®*	Die Prinzipien von *ReSurfacing* sollten den TeilnehmerInnen vertraut sein.	Jedem zum gegenwärtigen Zeitpunkt autorisierten Avatar-Master	Die hinter der Schöpfung und allen Erfahrungen stehenden Wirkkräfte und Prinzipien. Übungen, die Einblick in die Schöpfungsprozesse vermitteln und die Fähigkeit, selbst Realitäten zu erschaffen, wiederherstellen.	Die Fähigkeit, Realität direkt, unverzerrt und frei von Werturteilen wahrzunehmen. Die Fähigkeit, die persönliche Realität zu verändern. Die Fähigkeit, reale Seinszustände bewußt zu erschaffen.	DM 1000,– SFr 900,– ÖS 7000,– 4 bis 5 Tage
Teil III *The Rundowns®*	Die TeilnehmerInnen haben ihre eigene innere Quelle und Urheberschaft wiederentdeckt.	Jedem zum gegenwärtigen Zeitpunkt autorisierten Avatar-Master	Die hinter der Auflösung von Schöpfungen stehenden Wirkkräfte und Prinzipien. Bewußte Steuerung der Realität. Persönliche Einweihung und sieben Einzeltechniken, in denen die verschiedenen Aspekte der Existenz behandelt werden.	Die Fähigkeit, Körperempfindungen bewußt zu verändern. Beziehungskonflikte, Abhängigkeiten, selbstzerstörerische Überzeugungen und Zwänge zu transformieren. Volle Verantwortung für die eigenen Lebensumstände zu übernehmen.	DM 2500,– SFr 2400,– ÖS 18000,– 2 bis 4 Tage

Masterkurs	Voraus-setzungen	Wird ange-boten von	Lehrinhalte	Erwartete Resultate	Dauer / Kosten*
Teil IV (a) *Erwachen*	Die TeilnehmerInnen haben den Avatar-Kurs absolviert und eine Einweihung von ihrem Master erhalten.	Ausschließlich von *Star's Edge* Leiter-Teams	Verbindung mit dem Ursprung. Beschaffenheit und Funktionsweise der persönlichen Identität. Identifizierung von Schlüssel-Überzeugungen. Verschieben der Perspektiven. Anleitungen zum Abhalten von Einweihungssitzungen und zur Beaufsichtigung der Avatar-Techniken.	Die Fähigkeit, mit hartnäckigen Konditionierungen umzugehen. Sicherheit bezüglich der Anwendbarkeit und Nützlichkeit der Avatar-Materialien. Eine auf ein Jahr beschränkte vorläufige Lizenz für das Organisieren und Durchführen von Avatar-Seminaren, die die erwarteten Resultate hervorbringen.	3000 US $ 9 Tage
Teil IV (b) *Weiterbildung*	Die TeilnehmerInnen haben bereits Avatar-Kurse geleitet.	Ausschließlich von *Star's Edge* Leiter-Teams	Die Elemente des Lebens: Sein, Motivation, Wahrnehmung, Handlung, Organisation, Ausrichtung. Bewußtes Fokussieren der Aufmerksamkeit, ohne ihr in die Falle zu gehen.	Erkennen des Lebenszwecks und Entwickeln der Fähigkeit, auch unter schwierigen Bedingungen entspannt präsent zu bleiben.	2500 US $ 7 Tage

Wizard®-Kurs	Voraus-setzungen	Wird ange-boten von	Lehrinhalte	Erwartete Resultate	Dauer / Kosten*
Teil V *Außersinnliche Fähigkeiten*	Die TeilnehmerInnen habe Stufe IV (a) des Masterkurses absolviert.	Ausschließlich von *Star's Edge* Leiter-Teams	Das kollektive Bewußtsein. Ebenen und Möglichkeiten dieses Bewußtseins. Verborgene Einflüsse auf das Leben. Führerschaft und Mitgestaltung der Zivilisation.	Die Fähigkeit, Schöpfungsprinzipien zu verstehen und anzuwenden. Die Fähigkeit, von der Ebene des 'Höheren Selbst' aus zu handeln. Die Fähigkeit, die Gesellschaft zu transformieren.	7500 US $ 13 Tage

* Stand 1996